Gerd Kreß, Peter Lenz, Jürgen Schmaus

Herausgeber: Jürgen Schmaus

Holztechnik

Lernfelder 1 bis 4

Arbeitsheft

1. Auflage

Bestellnummer 70122

Bildungsverlag EINS
a Wolters Kluwer business

Haben Sie Anregungen oder Kritikpunkte zu diesem Buch?
Dann senden Sie eine E-Mail an 70122@bv-1.de
Autoren und Verlag freuen sich auf Ihre Rückmeldung.

www.bildungsverlag1.de

Unter dem Dach des Bildungsverlages EINS sind die Verlage Gehlen, Kieser, Stam, Dähmlow, Dümmler, Wolf, Dürr + Kessler, Konkordia und Fortis zusammengeführt.

Bildungsverlag EINS
Sieglarer Straße 2, 53842 Troisdorf

ISBN 978-3-427-**70122**-4

Inhaltsverzeichnis

KUNDENAUFTRAG

Eine Tischlerei soll für einen Kindergarten mehrere Arbeitsaufträge übernehmen

Arbeitsauftrag 1

1. Planung:

- Überlegen Sie, was bei der Dimensionierung der Regale (Breite, Tiefe, Höhe sowie Materialdicke) zu berücksichtigen ist. Legen Sie sinnvolle Maße fest.
- Welche Materialien sind für das Regal denkbar? Einigen Sie sich innerhalb der Klasse auf einen Werkstoff.

2. Informationsbeschaffung:

- Erkundigen Sie sich über den m^2-Preis des gewählten Materials z. B. über Internetrecherche oder vorhandene Preislisten.
- Möglicherweise kann auch ein Telefonanruf beim Händler im Unterricht geplant und durchgeführt werden.

3. Konstruktion:

- Welche konstruktiven Fragen sind zu klären?
- Entscheiden Sie sich für eine Konstruktion und begründen Sie Ihre Wahl.
- Fertigen Sie kleine Skizzen zu Konstruktionsdetails an.

4. Berechnungen:

- Ermitteln Sie den Gesamt-Materialbedarf (Fertigmenge und Rohmenge).
- Berechnen Sie die Kosten für das Material.

5. Werkzeuge, Maschinen und Unfallschutz:

- Welche Werkzeuge und Maschinen können zur Herstellung der Regale eingesetzt werden?
- Listen Sie Werkzeuge und Maschinen auf und geben Sie wichtige Hinweise zum Unfallschutz.

6. Qualitätssicherung:

- Überlegen Sie sich mehrere Punkte, die zu einer Beanstandung/Reklamation der ausgeführten Arbeit führen könnten.

KUNDENAUFTRAG

Eine Tischlerei soll für einen Kindergarten mehrere Arbeitsaufträge übernehmen

Arbeitsauftrag 2

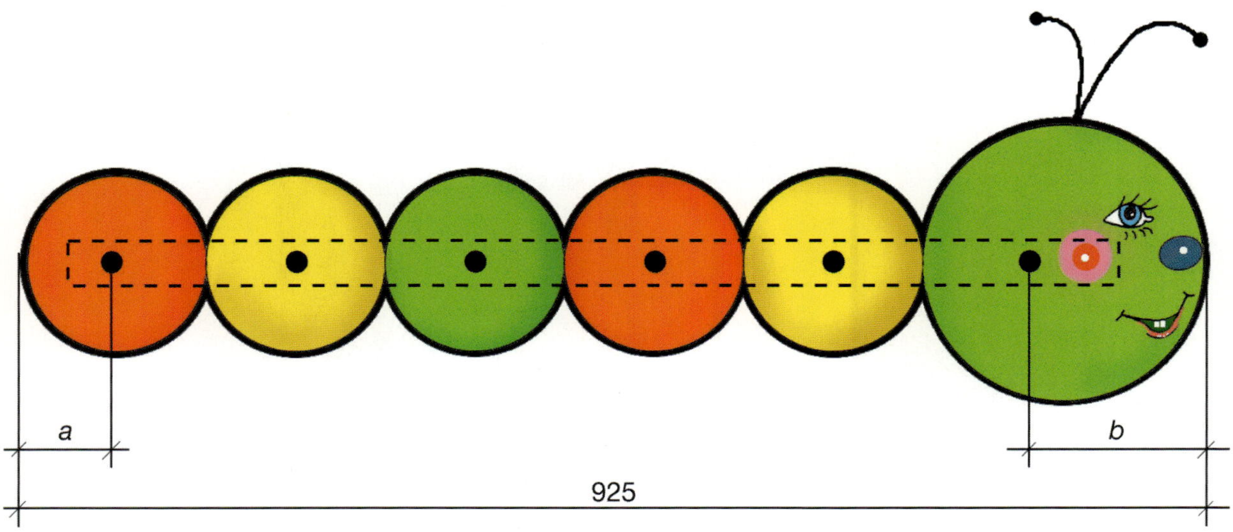

1. Planung:

- Nennen Sie Plattenmaterialien (Holzwerkstoffe), die für eine Herstellung der Raupe geeignet sind.
- Welches Plattenmaterial erscheint Ihnen am günstigsten? Begründen Sie Ihre Wahl.

2. Informationsbeschaffung:

- Wählen Sie aus einem Beschlägekatalog geeignete Garderobenhaken aus.
- Auf welche Dinge muss bei der Auswahl der Farbe geachtet werden?
  Lesen Sie dazu verschiedene Produktinformationen sorgfältig durch.

3. Konstruktion:

- Die einzelnen Scheiben sollen fest miteinander verbunden werden. Wählen Sie ein geeignetes Verbindungsmittel aus.
- Die Raupe wird auf einer 32 mm breiten Leiste aus Fichtenholz befestigt.
  Überlegen Sie sich eine geeignete Art der Befestigung
  a) für die Scheiben auf der Leiste,
  b) für die Leiste an der Wand (verputzte Ziegelwand).

4. Berechnungen:

- Wie berechnet sich der jeweils gleiche Abstand zwischen den einzelnen Haken?

5. Werkzeuge, Maschinen und Unfallschutz:

- Die einzelnen Glieder der Raupe werden an einer CNC-Maschine hergestellt. Erstellen Sie die CAD-Zeichnung und das Satzprogramm nach DIN für eines der mittleren Raupenglieder (Durchmesser d = 150 mm).

6. Qualitätssicherung:

- Erstellen Sie Vorschläge, an welchen Stellen im Arbeitsablauf bei der Herstellung der Raupen Qualitätskontrollen durchgeführt werden können und dokumentieren Sie die Kontrollen.

Arbeitsauftrag 3

1. Planung:

- „Bei der Planung einer Rahmentür spielt die Holzauswahl eine entscheidende Rolle". Erläutern Sie diesen Satz einem Laien (Nichtfachmann).
- Welche Bedeutung hat der Jahresringverlauf für die Verwendung als Rahmenholz?

2. Informationsbeschaffung:

- Informieren Sie sich bei einem Hersteller über verschiedene Glasarten, um den Kunden auch diesbezüglich fachmännisch beraten zu können. Ziehen Sie auch das Fachbuch zu Rate.

3. Konstruktion:

- Erklären Sie, wie Rahmeneckverbindungen konstruktiv zu lösen sind. Informieren Sie sich über verschiedene Verbindungsarten.
- Skizzieren Sie den Rahmenquerschnitt, so dass die Konstruktion erkennbar wird.

4. Berechnungen:

- Berechnen Sie den Verschnittzuschlag, wenn bei einer Fertigmenge von 0,122 m^2 für die Rahmentür genau 0,159 m^2 Holz verbraucht wurden.

5. Werkzeuge, Maschinen und Unfallschutz

- An welchen stationären Holzbearbeitungsmaschinen wird der Rahmen hergestellt?
- Legen Sie einen sinnvollen Arbeitsablauf fest und notieren Sie wichtige Maßnahmen zum Unfallschutz.

6. Qualitätssicherung:

- Gehen Sie noch einmal zurück zu Frage 1 (Planung). Begründen Sie noch einmal ganz ausführlich, warum das Nicht-Beachten der richtigen Holzauswahl zu erheblichen Qualitätseinbußen führen kann.

KUNDENAUFTRAG

Eine Tischlerei soll für einen Kindergarten mehrere Arbeitsaufträge übernehmen

Arbeitsauftrag 4

1. Planung:

- Beschreiben Sie, welchen besonderen Beanspruchungen das Holz für den Kletterturm ausgesetzt ist.
- Lesen Sie das Kapitel „Konstruktiver Holzschutz" aufmerksam durch und überlegen Sie, welche der dort genannten Kriterien bei diesem Kletterturm berücksichtigt werden können.

2. Informationsbeschaffung:

- Bei einem ähnlichen Klettergerüst in einem anderen Kindergarten sind die Befestigungsbolzen korrodiert (siehe Bild).
- Was bedeutet der Begriff „Korrosion"?
- Wie entsteht Korrosion an Eisenwerkstoffen und Stahl?
- Informieren Sie sich im Fachbuch über Korrosionsschutzmaßnahmen.

3. Konstruktion:

- Fertigen Sie kleine Skizzen an, aus denen der konstruktive Holzschutz ersichtlich wird.

4. Berechnungen:

- Zur Erstellung des Kletterturms wurden in das Erdreich sechs 80 cm tiefe Löcher gebohrt. Der Durchmesser der Löcher betrug 35 cm. Berechnen Sie das Volumen des ausgehobenen Erdreichs.

5. Werkzeuge, Maschinen und Unfallschutz

- Im Außenbereich sind chemische Holzschutzmittel meist unerlässlich. Welche chemischen Holzschutzmittel unterscheidet man und wie werden diese verarbeitet?
- Nennen Sie Gesundheitsschutzmaßnahmen, die beim Umgang mit Holzschutzmitteln zu beachten sind.

6. Qualitätssicherung:

- Was muss beachtet werden, damit es nicht, wie auf dem Bild dargestellt, zu einer Korrosion der Befestigungsbolzen kommt?

Name: **Klasse/Gruppe:** **Datum:**

1 *Welche Aufgabe haben die einzelnen Bestandteile des Holzes?*

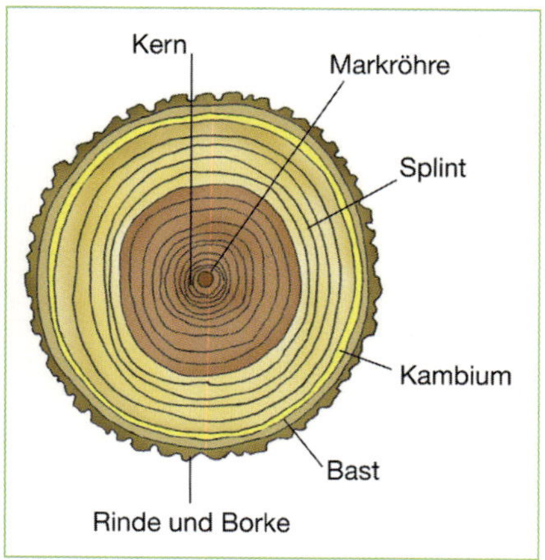

Kern:

Splint:

Bast:

Kambium:

Rinde/Borke:

2 *Beschreiben Sie die vier dargestellten Baumtypen.*

Kernholz:

Reifholz:

Splintholz:

Kernreifholz:

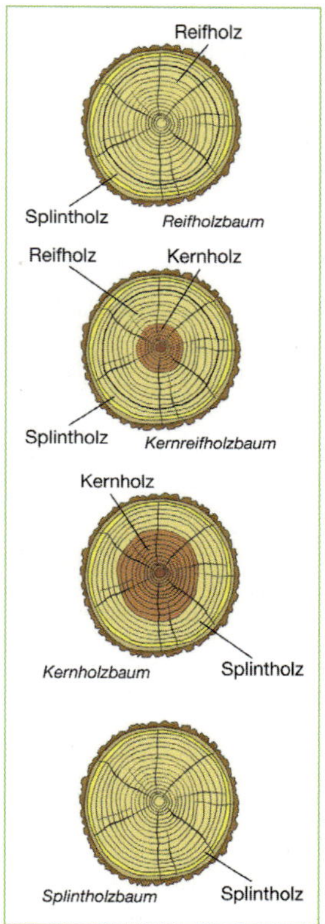

3 *Nennen Sie je drei Beispiele für einen Kern-, Reif- und Splintholzbaum.*

Kernholz	z. B.:
Reifholz	z. B.:
Splintholz	z. B.:

Name: ______ **Klasse/Gruppe:** ______ **Datum:** ______

Nadelholz

1 *Benennen Sie die Zellarten und erklären Sie deren Aufgaben.*

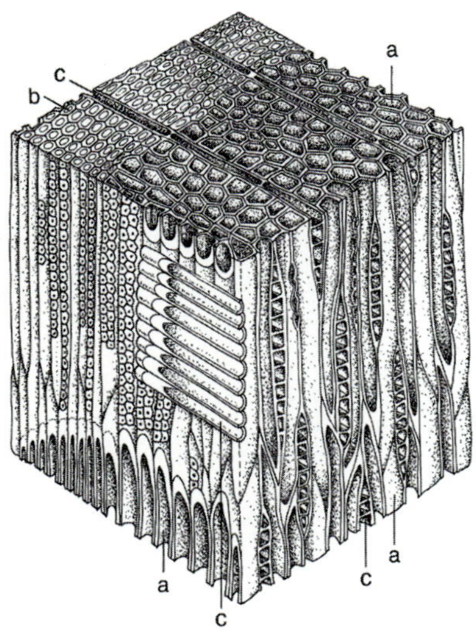

a) ______

b) ______

Aufgabe: ______

______

c) ______

Aufgabe: ______

Laubholz

2 *Benennen Sie die Zellarten und erklären Sie deren Aufgaben.*

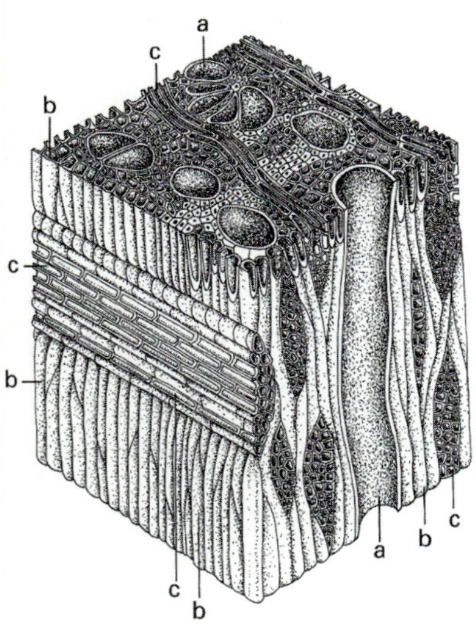

a) ______

Aufgabe: ______

b) ______

Aufgabe: ______

c) ______

Aufgabe: ______

3 *Nennen Sie je vier feinporige und grobporige Holzarten.*

Feinporig	z. B.: ______
Grobporig	z. B.: ______

Die Eigenschaften des Holzes (Festigkeitseigenschaften)

Blatt-Nr. 1

Name: **Klasse/Gruppe:** **Datum:**

1 *Ordnen Sie die folgenden Hölzer nach der Rohdichte. Beginnen Sie mit der kleinsten Rohdichte.*
Lärche – Fichte – Weißbuche – Kiefer – Ahorn

____

2 *Beurteilen Sie die Druck- und Zugfestigkeit von Holz, indem Sie die richtige Antwort ankreuzen.*

a)

Die Druckfestigkeit von Holz ist in Faserrichtung halb so groß wie quer zur Faser.	
Die Druckfestigkeit von Holz ist in Faserrichtung 2 x so groß wie quer zur Faser.	
Die Druckfestigkeit von Holz ist in Faserrichtung etwa so groß wie quer zur Faser.	
Die Druckfestigkeit von Holz ist in Faserrichtung 5–10 x größer als quer zur Faser.	

b)

Die Zugfestigkeit von Holz ist in Faserrichtung etwa so groß wie quer zur Faser.	
Die Zugfestigkeit von Holz ist in Faserrichtung 10 x größer als quer zur Faser.	
Die Zugfestigkeit von Holz ist in Faserrichtung 20–50 x größer als quer zur Faser.	

3 *Nennen Sie drei Beispiele aus dem Tischlerbereich, wo die Biegezugfestigkeit des Holzes eine Rolle spielt und beachtet werden muss.*

____

4 *Wovon ist die Durchbiegung eines Regalfaches abhängig? Nenne Sie drei Punkte.*

____

____

____

5 *Nennen Sie Beispiele, wo die Scherfestigkeit des Holzes eine Rolle spielt.*

____

Die Eigenschaften des Holzes (Arbeiten des Holzes)

Blatt-Nr. 2

Name: **Klasse/Gruppe:** **Datum:**

Die folgenden Angaben beziehen sich auf das dargestellte Hozstück.

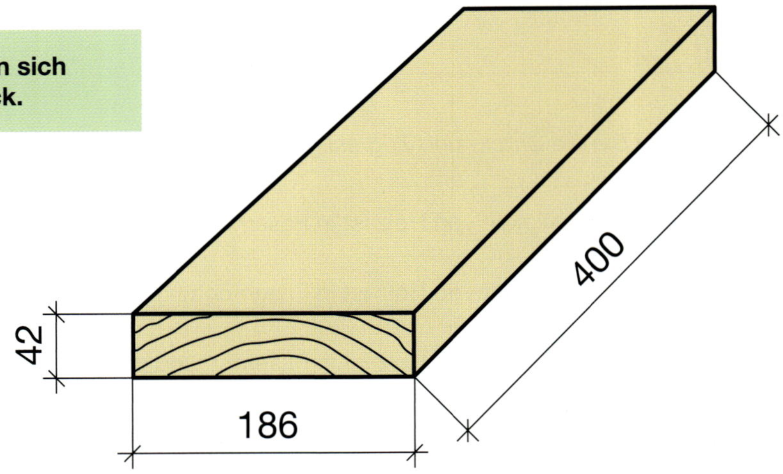

1 *Tragen Sie in die Zeichnung die maximalen Schwundwerte (in %) ein und erklären Sie den Begriff „Fasersättigungspunkt“.*

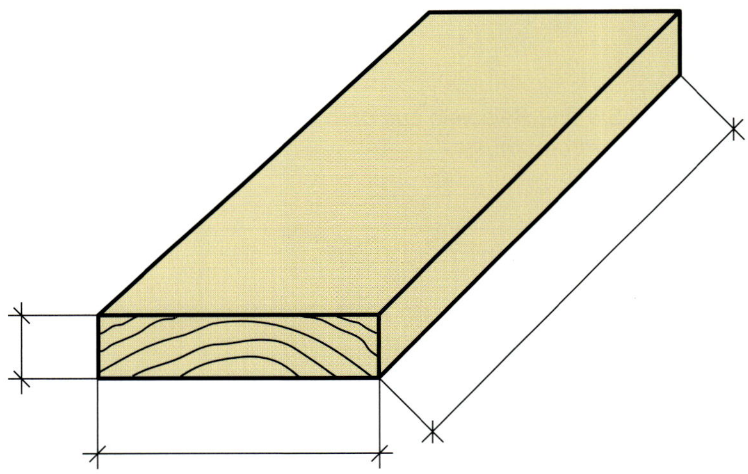

2 *Skizzieren Sie die Formänderung des Querschnitts nach dem Schwinden.*

Name: **Klasse/Gruppe:** **Datum:**

3 *Wie ändern sich die Holzmaße (Länge, Breite, Dicke) bei einer Holzfeuchteänderung von 35 % auf 8 %?*

Die Eigenschaften des Holzes (Holzfeuchte)

Name: **Klasse/Gruppe:** **Datum:**

1 *Die Darrprobe ist eine Möglichkeit zur relativ genauen Bestimmung der Holzfeuchtigkeit.*

a) Beschreiben Sie die Darrprobe.

Mit der Formel:

b) Welche Holzfeuchtigkeit besitzt ein 7,4 kg schweres Eichenholzbrett, wenn es nach der Darrtrocknung nur noch 6,52 kg wiegt?

2 *a) Welche Holzfeuchtigkeit stellt sich in einem Möbel ein, wenn es in einem Raum steht, in dem bei einer relativen Luftfeuchtigkeit von 40 % eine Temperatur von 20° C herrscht?*

b) Wie hoch müsste theoretisch die Raumtemperatur sein, damit sich bei einer relativen Luftfeuchtigkeit von 50 % eine Holzfeuchte von 8,5 % einstellt?

Raumlufttemperatur	**10 °C**	**20 °C**	**30 °C**	**40 °C**	**50 °C**	**60 °C**
rel. Luftfeuchtigkeit in %	**Holzfeuchte** in %					
20	4,5	4,5	4,0	4,0	3,5	3,5
30	6,5	6,0	6,0	5,5	5,0	4,5
40	8,0	7,5	7,5	7,0	6,5	6,0
50	9,5	9,0	9,0	8,5	8,0	7,5
60	11,0	10,5	10,5	10,0	9,5	9,0
70	13,5	13,0	12,5	12,0	11,5	11,0
80	16,5	16,0	15,5	15,0	14,0	13,0

3 *Wie viel kg Wasser enthält ein Holzbrett, das bei einer Holzfeuchte von 34 % genau 28 kg wiegt?*

4 *Eine Mahagoni-Holzprobe (920 g) hat nach völliger Trocknung noch ein Gewicht von 815 g. Darf dieses Holz für die Herstellung von Fenstern verwendet werden? Führen Sie den rechnerischen Nachweis und begründen Sie Ihre Meinung.*

Name: **Klasse/Gruppe:** **Datum:**

1 *Welches ist das Grundprinzip des konstruktiven Holzschutzes?*

2 *Das dargestellte Geländer wurde im Freien montiert. Ein Fachmann erkennt sofort, dass hier gravierende Fehler bzgl. des konstruktiven Holzschutzes gemacht wurden. Listen Sie die Fehler auf und machen Sie Verbesserungsvorschläge.*

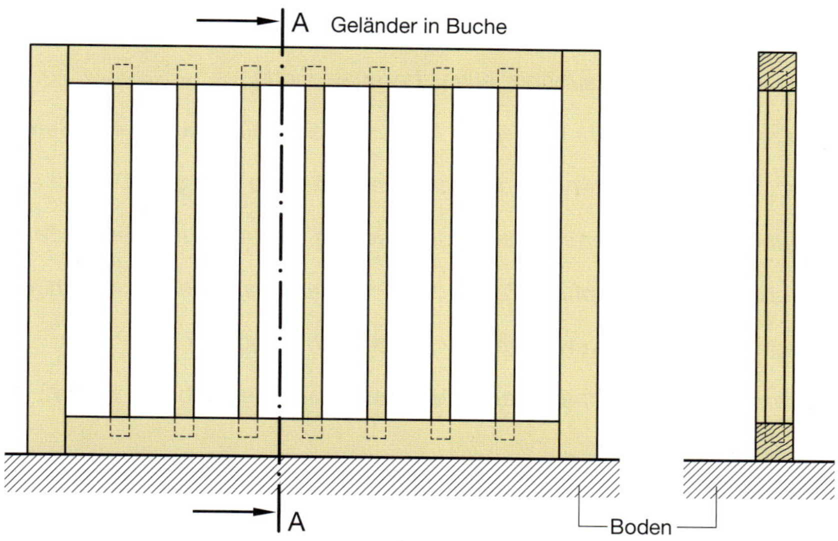

Konstruktiver Fehler	Verbesserungsvorschlag
1.	
2.	
3.	
4	
5.	

Name: **Klasse/Gruppe:** **Datum:**

1 *Wissen Sie, welches Holz hier beschrieben ist?*

Tragen Sie die Lösung in die unten aufgeführte Tabelle ein.

1. *Sehr helles, beinahe weißes europäisches Laubholz, seidig glänzende Oberfläche, gerne für Tischplatten verwendet, zählt zu den Harthölzern, feinporig.*
2. *Feinporiges europäisches Laubholz, rötlich-braune Farbe, oft mit einem leichten Grünstrich, wurde früher im Stilmöbelbau verwendet (Biedermeier-Möbel).*
3. *Farblich ähnlich der unter Nr. 2 beschriebenen Holzart, auch oft mit einem leichten Grünstrich, jedoch grobporig.*
4. *Wird aufgrund ihrer Witterungsbeständigkeit als die "Eiche unter den Nadelhölzern" bezeichnet.*
5. *Sehr grobporiges, europäisches Laubholz, etwas heller als Eiche.*
6. *Aufgrund der Holzinhaltsstoffe (sehr ölig) sogar für den Schiffsbau verwendet, außereuropäische Holzart.*
7. *Farbe, Rohdichte und Eigenschaften wie die Fichte, jedoch ohne Harzgallen.*
8. *Europäisches Laubholz, sehr witterungsbeständig, auch im Wasserbau zu verwenden.*
9. *Europäisches Laubholz, in gedämpftem Zustand rötliche Farbe, arbeitet stark, wenig witterungsbeständig.*
10. *Europäisches Nadelholz, Rohdichtewert liegt zwischen Fichte und Lärche.*
11. *Welches der genannten außereuropäischen Hölzer hat keine helle, gelbliche Farbe? Abachi, Ramin oder Wenge?*
12. *Wird für die Herstellung von Zündhölzern verwendet.*
13. *Aus diesem sehr hochwertigen Holz wurde meist das Chorgestühl in der Zeit des Barock/Rokoko hergestellt.*

1	2
3	4
5	6
7	8
9	10
11	12
13	

Name: **Klasse/Gruppe:** **Datum:**

1 *Ein Stammquerschnitt wird vom Förster wie abgebildet beschriftet. Welche Bedeutung hat diese Beschriftung?*

B =

14 =

9,40 =

32 =

2 *Bezeichnen Sie einzelne Teile des aufgeschnittenen Baustammes mit Fachbegriffen.*

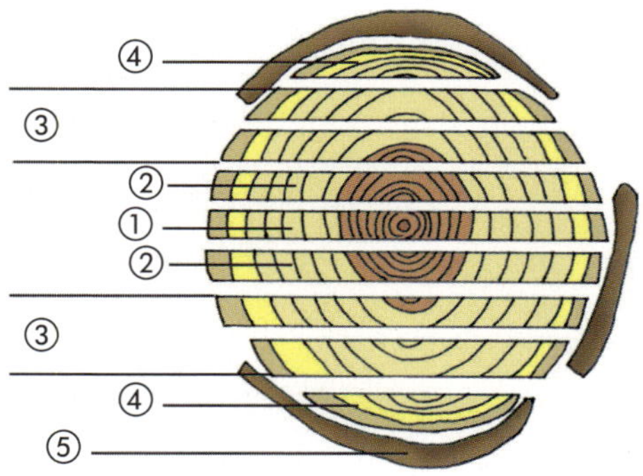

①

②

③

④

⑤

3 *Nennen Sie je einen Vor- und Nachteil des Spiegelschnitts gegenüber dem Scharfschnitt.*

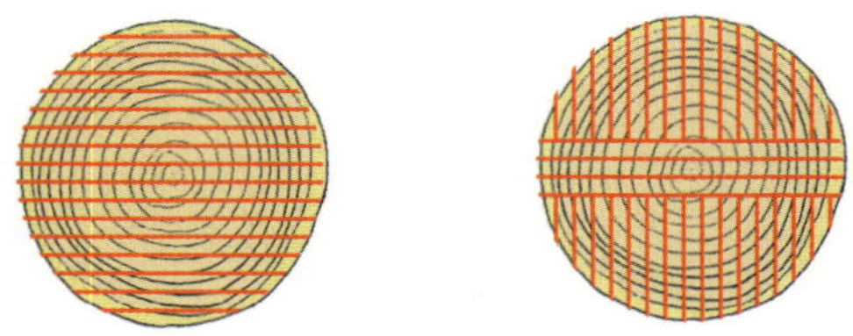

Vorteil:

Nachteil:

4 *Bezeichnen Sie die abgebildete Schnittware fachgerecht.*

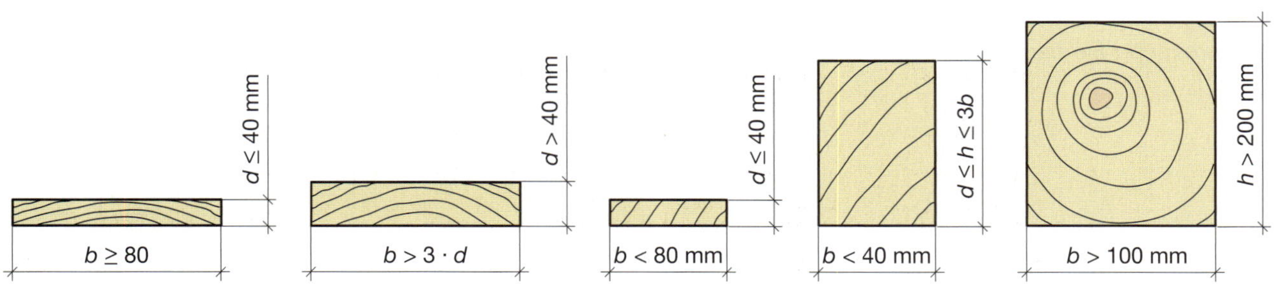

Name: **Klasse/Gruppe:** **Datum:**

Die folgenden Aufgaben beziehen sich auf den abgebildeten Kiefernholzstamm, der zu einem Preis von 640 €/m³ verkauft wurde.
Die beiden Durchmesser wurden durch zweimaliges Kluppen in Stammmitte ermittelt.

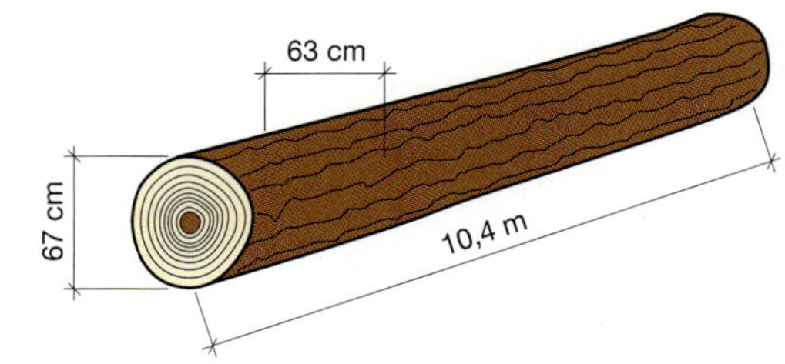

1 *Berechnen Sie das Volumen des Kiefernstammes.*

2 *Welche Fläche an 28 mm dicken Brettern kann aus dem Baumstamm gewonnen werden? Der Verschnitt wird vernachlässigt.*

3 *Berechnen Sie den Preis/m².*

Name: ____ **Klasse/Gruppe:** ____ **Datum:** ____

Himmels-
richtung:

______

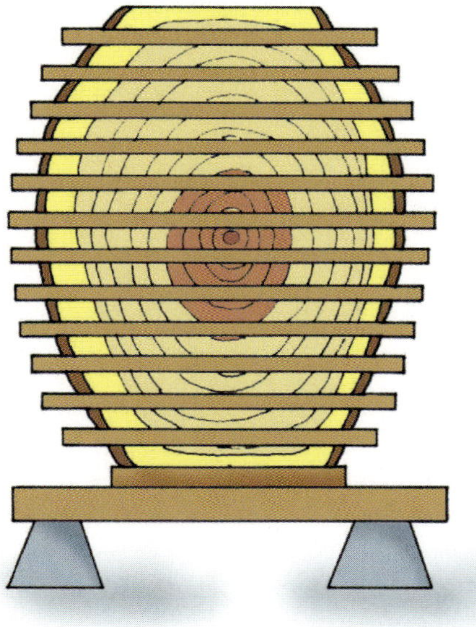

Anforderungen an die Stapelleisten:

______

______

______

Himmels-
richtung:

______

Anforderungen an den Unterbau:

______

______

______

______

______

Stapelart:

______

Verwendet bei:

______

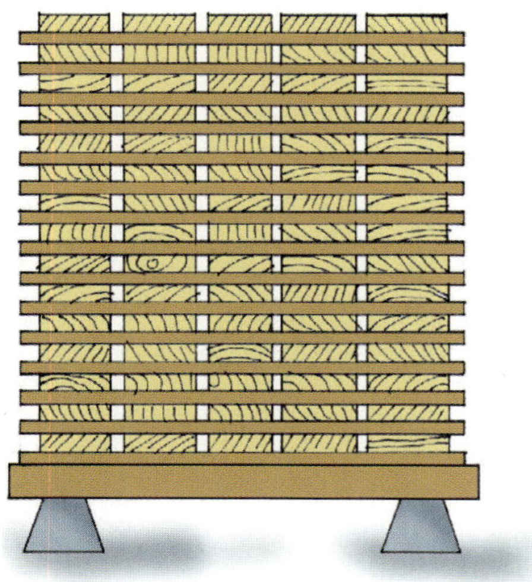

Warum müssen die Hirnenden geschützt werden?

______

______

Wie kann man die Hirnenden schützen?

______

______

______

Dieser Stapel benötigt oben eine

______

oder muss in einem

______

gelagert werden.

Stapelart:

______

Verwendet bei:

______

In unserem Klima kann Holz im Freien nur bis auf eine Holzfeuchte von ca. ______ % herunter getrocknet werden.

Vollholz - der Werkstoff für den Tischler (Holzfehler)

Blatt-Nr. 4

Name: **Klasse/Gruppe:** **Datum:**

	Bezeichnung	Beschreibung/Ursache	Auswirkungen

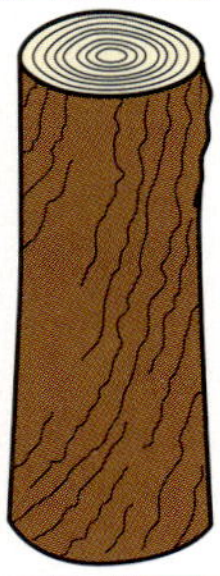			

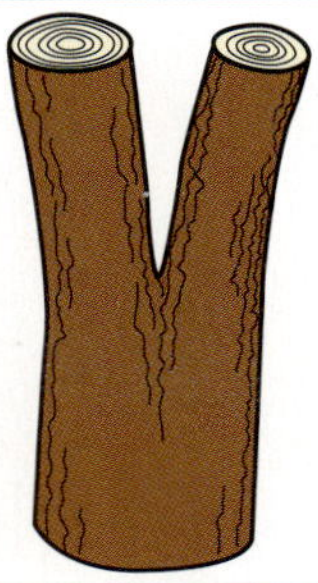			

Name: **Klasse/Gruppe:** **Datum:**

	Bezeichnung	Beschreibung/Ursache	Auswirkungen

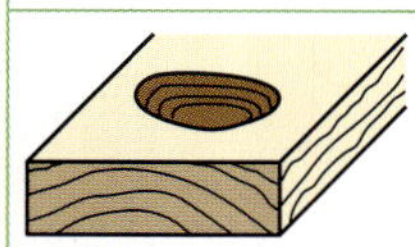 runder Ast 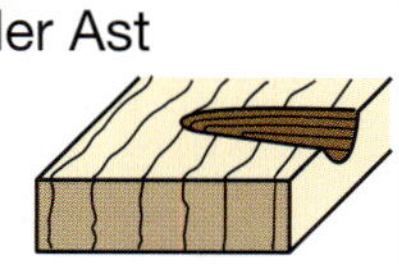 Flügelast			
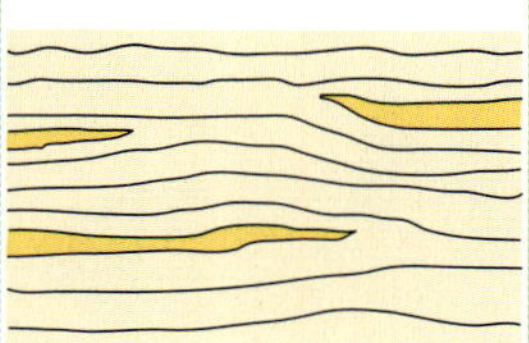			

Name: **Klasse/Gruppe:** **Datum:**

Testen Sie Ihr Wissen:

1 *Pilzbefall wird durch folgende Faktoren begünstigt:*

○ *Wärme* ○ *Kälte* ○ *Trockenheit*
○ *Feuchtigkeit* ○ *Dunkelheit* ○ *Helle Räume*

2 *Der eigentliche Holzzerstörer der Pilze ist*

○ *der Fruchtkörper*

○ *die Sporen*

○ *das Myzel*

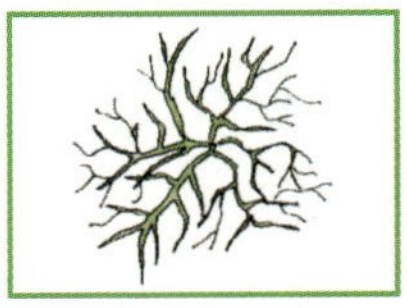

3 *Der Bläuepilz*

○ *befällt das Kernholz* ○ *befällt den Splint* ○ *ist nur optisch unschön*
○ *zerstört das Holz*

4 *Die Braunfäule*

○ *baut Zellulose ab* ○ *baut Lignin ab* ○ *ist nur optisch unschön*
○ *zerstört das Holz*

5 *Der eigentliche Holzzerstörer bei den Insekten ist/sind*

○ die Puppe ○ die Larve ○ die Eier ○ der Käfer

6 *Eine geschnitzte Holzmadonna wurde in einem relativ feuchten Raum gelagert und ist im Laufe der Zeit von einem Holzschädling weitgehend zerstört worden. Der Kunstgegenstand ist übersät mit 1 - 2 mm großen runden Löchern. Am Boden findet man bräunliches Mehl. Auf welchen Schädling tippen Sie?*

____

7 *Ein Parkettboden aus Fichtenholz in einem zentralgeheizten Raum wurde von einem Holzschädling flächenartig zerstört. Der Befall mit dem Schädling wurde erst entdeckt, als der Boden schon weitgehend zerstört war. Welcher Käfer ist hierfür verantwortlich?*

____

8 *Nennen Sie vier Gründe, warum der Hausbock einer der gefährlichsten Holzschädlinge ist.*

____

____

____

Name: ______ **Klasse/Gruppe:** ______ **Datum:** ______

1 *Nennen Sie Dinge, die zur persönlichen Schutzausrüstung des Tischlers zählen (Schutzkleidung und andere Schutzmaßnahmen):*

______

______

______

2 *Klären Sie die folgenden für den Tischler wichtigen Sicherheitskennzeichnungen:*

3 *Warum müssen schadhafte Kabel-Isolationen an Handmaschinen umgehend von einem Elektro-Fachmann repariert werden?*

______

______

4 *Beschreiben Sie aus Ihrem eigenen Erfahrungsbereich eine Situation, wie durch Herumalbern eine Verletzung/ein Unfall entstand.*

______

______

______

______

______

______

______

Die Handwerkzeuge des Tischlers (Mess- und Anreißwerkzeuge)

Blatt-Nr. 1

Name: ____________________ **Klasse/Gruppe:** ____________________ **Datum:** ____________________

1 *Kreuzen Sie die Werkzeuge an, die Sie für die genannten Arbeiten benötigen.*

	Gliedermaßstab	Winkel	Gehrmaß	Messschieber	Bandmaß	Schmiege	Wasserwaage	Formlehre
Risse von der Kante auf die Fläche übertragen								
Profile kontrollieren								
Eine 45° Grad-Schräge kontrollieren								
Dicke einer Schichtstoffplatte messen								
Die Raumlänge messen								
Die Länge eines Rahmenfrieses messen								
Ebenheit des Bodens prüfen								
Die Kreissäge auf eine beliebige Schräge einstellen								
Nutbreite genau messen								
Dornmaß abtragen								
Gefügte Kante kontrollieren								
Beliebige Schräge übertragen								
135° Grad Schräge anzeichnen								
Umfang einer Säule messen								

2 *Lesen Sie die Maße der beiden Messschieber ab.*

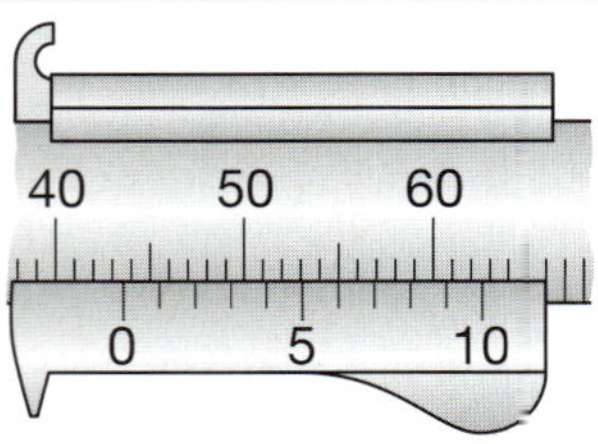

Messwert: ____________________

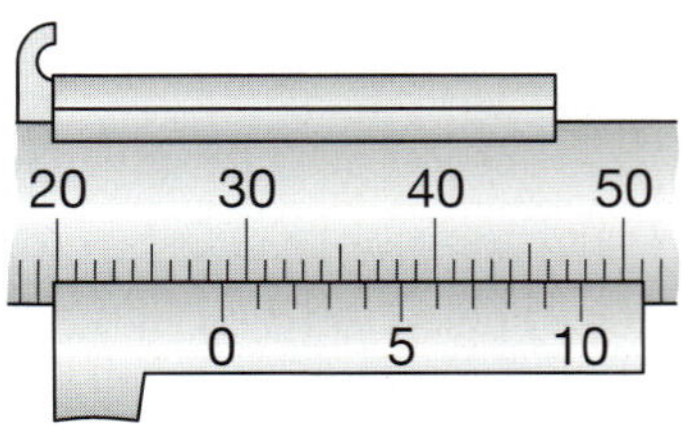

Messwert: ____________________

7 *Wie prüfen Sie einen Winkel auf seine Genauigkeit (90°)?*

____

____

____

____

Name: **Klasse/Gruppe:** **Datum:**

1 *Welche Geschosshöhe kann mit einer 6,50 m langen Anlegeleiter überwunden werden, wenn der Abstand am Fußpunkt zwischen Leiter und Wand 1,15 m beträgt und die Leiter 1,10 m über die Anlehnkante hinausragen muss?*

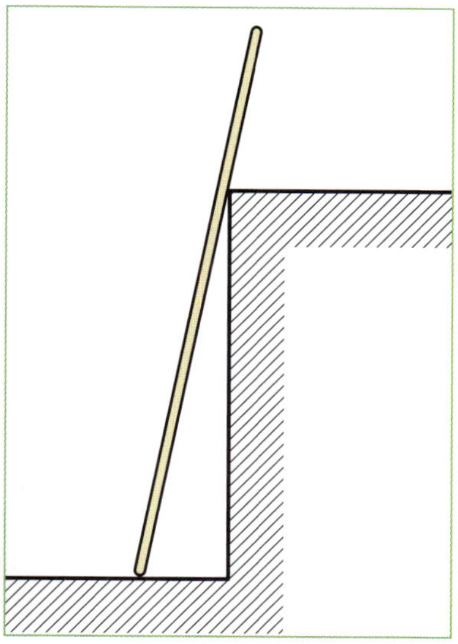

2 *Ein nicht zerlegbarer Schrank (Höhe: 2,40 m/Breite: 1,20 m/Tiefe: 0,60 m) soll in einem 2,50 m hohen Raum aufgestellt werden. Führen Sie den rechnerischen Nachweis, ob dies möglich ist.*

Die größte Ausdehnung des Schrankes ist seine Diagonale. Wenn die Diagonale des Schrankes kleiner als die Raumhöhe ist, kann der Schrank aufgestellt werden.

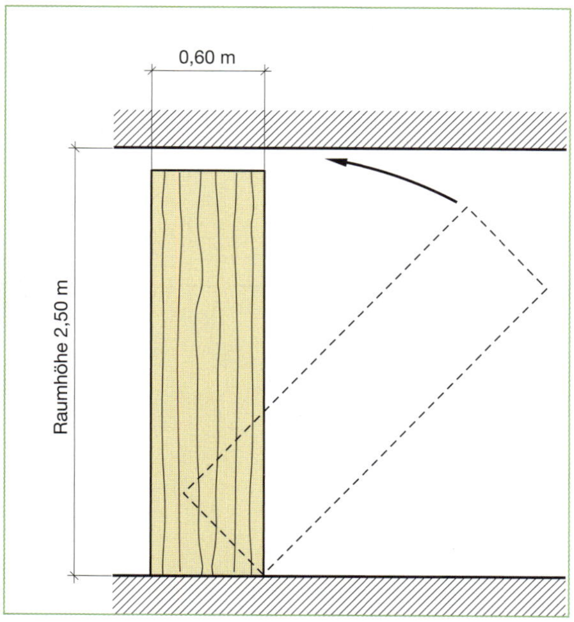

Name: **Klasse/Gruppe:** **Datum:**

1 *Die 2,75 m lange Leiter ist unter einem Winkel von 78° an die Mauer gelehnt und reicht genau bis zur Oberkante der Mauer. Berechnen Sie die Höhe der Mauer.*

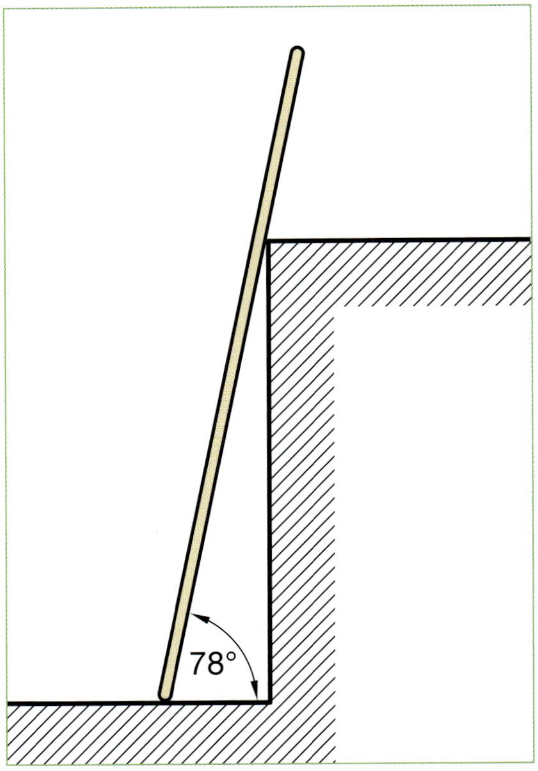

2 *Ermitteln Sie rechnerisch den Winkel α der abgebildeten Platte.*

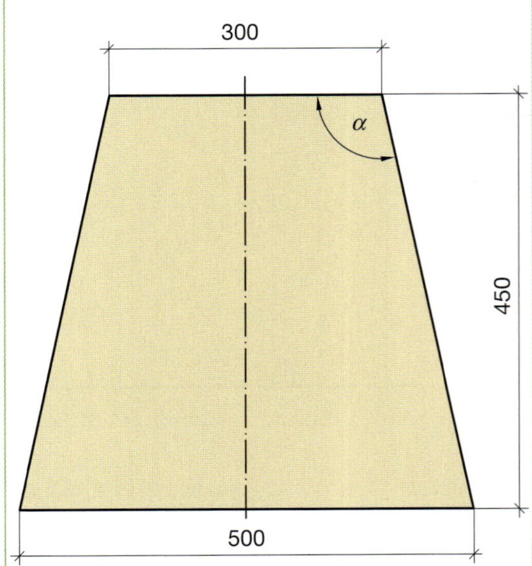

Name: **Klasse/Gruppe:** **Datum:**

1 *Kennzeichnen Sie an dem abgebildeten Hobeleisen den Freiwinkel α, den Keilwinkel β, den Spanwinkel γ und den Schnittwinkel δ.*

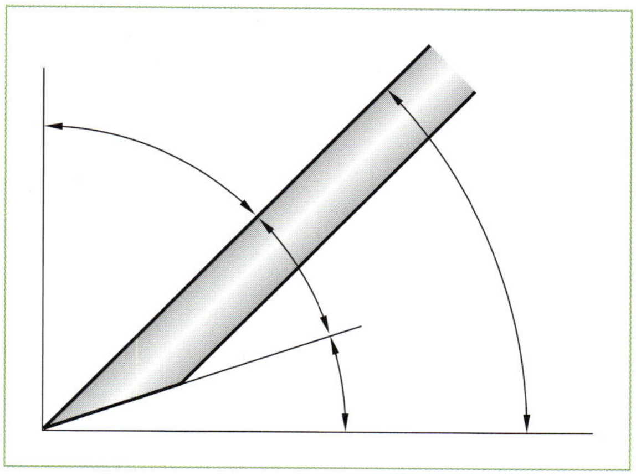

2 *Die* ***Klappe*** *ist in Kombination mit der* ***Hobelmaulvorderkante*** *ausschlaggebend für eine saubere Hobelarbeit.*

- *Erläutern Sie die Wirkungsweise der Klappe.*

- *Welche Aufgabe hat hierbei die Hobelmaulvorderkante?*

- *Was ist beim Einstellen der Klappe zu beachten?*

- *Welche Folge hat ein zu großer bzw. zu kleiner Abstand zwischen Klappe und Hobelmaulvorderkante?*

Zu großer Abstand:

Zu kleiner Abstand:

3 *Welche möglichen Folgen hat eine Veränderung des Keilwinkels von 25 °?*

Keilwinkel kleiner:

Keilwinkel größer:

4 *Welche Bearbeitungsrichtung bringt beim Hobeln das sauberste Ergebnis? Kreuzen Sie an.*

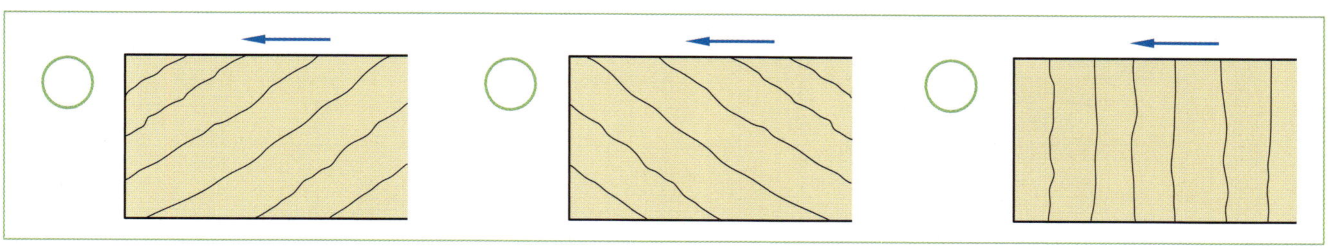

Name: **Klasse/Gruppe:** **Datum:**

Benennen Sie die abgebildeten Hobel.
Beschreiben Sie kurz deren Aufbau und geben Sie jeweils den Verwendungszweck an.

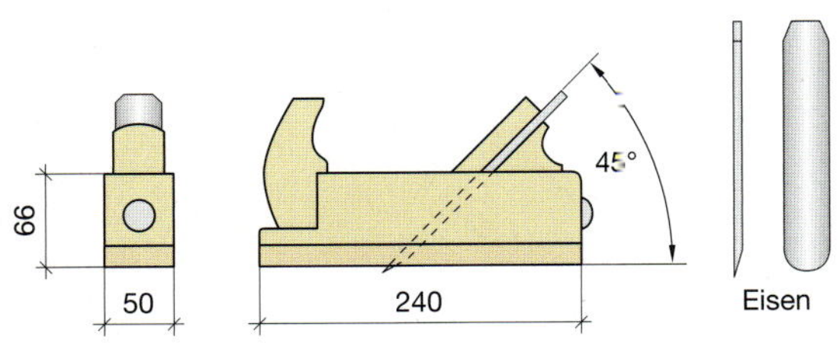

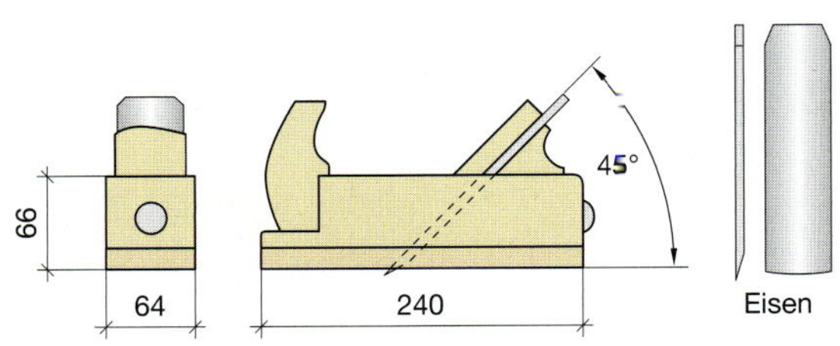

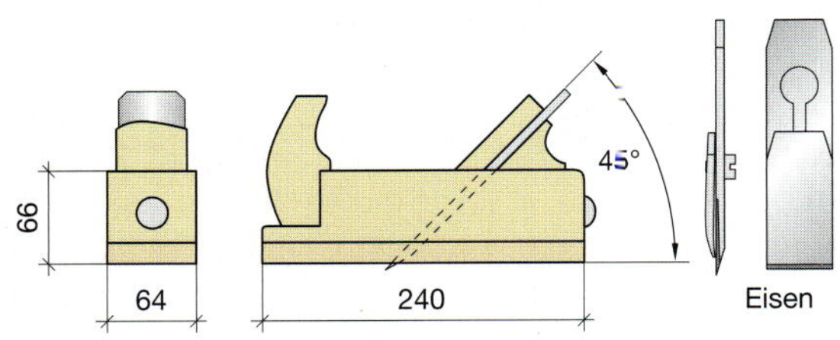

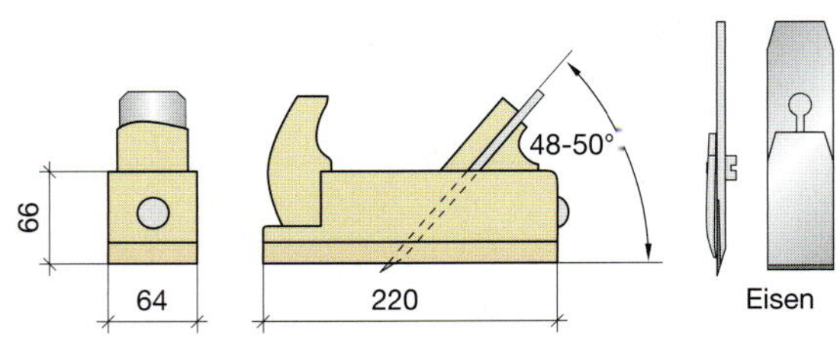

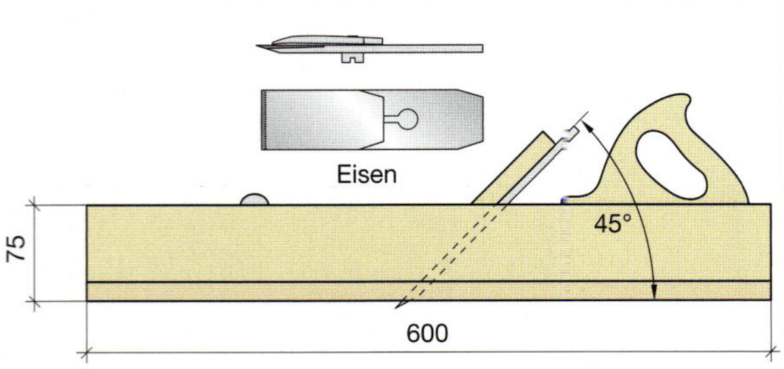

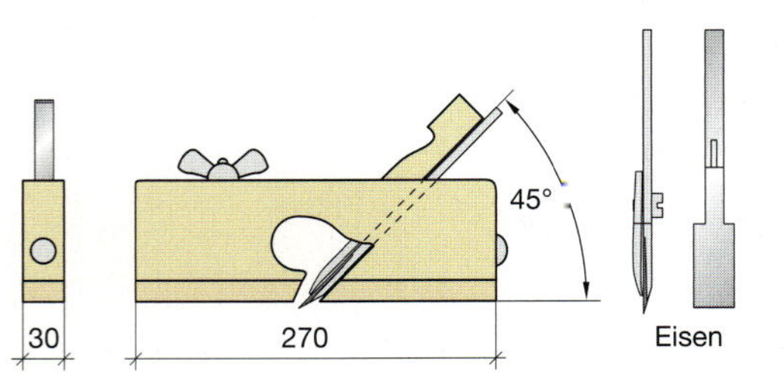

Die Handwerkzeuge des Tischlers (Handsägen)

Blatt-Nr. 6

Name: ____________ **Klasse/Gruppe:** ____________ **Datum:** ____________

1 *Nennne Sie drei häufig verwendete Gestellsägen (gespannte Sägen) des Tischlers und geben Sie den Verwendungszweck an.*

____

____

____

2 *Ordnen Sie die genannten Heftsägen durch Pfeile dem richtigen Verwendungszweck zu.*

Fuchsschwanz		*Griffloch aussägen*
Stichsäge		*Gratnut einsägen*
Gratsäge		*Überstehenden Dübel absägen*
Feinsäge mit gekröpftem Griff		*Brett grob auftrennen*

3 *Benennen Sie die Laufarten der einzelnen Sägen und tragen Sie die jeweiligen Schnittwinkel ein.*

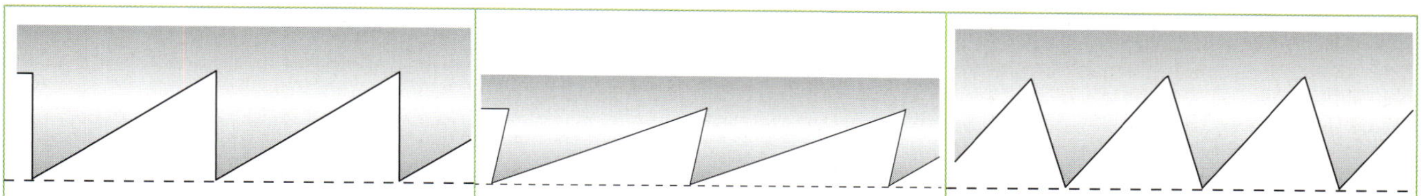

____________	____________	____________

Wie groß ist bei den abgebildeten Sägen der Keilwinkel? ________ *Grad.*

Welche weiteren Laufarten bei Sägen kennen Sie?

____

4 *Welcher Zusammenhang besteht zwischen der Größe des Schnittwinkels und*
a) der Schnittleistung b) der Schnittgüte c) dem Kraftaufwand beim Sägen?

____

____

- *Welche Rolle spielen bei den unter a) bis c) genannten Kriterien die Zahngröße und die Zahnteilung?*

____

____

5 *Worauf ist es zurück zu führen, dass Japansägen einen besonders feinen Schnitt ermöglichen?*

____

____

Name: **Klasse/Gruppe:** **Datum:**

1 *Sicherlich haben Sie im Fachpraxis-Unterricht schon die Erfahrung gemacht, dass der Stechbeitel beim Einschlagen in das Holz versucht, zur Spiegelseite (Rückseite) hin zu verlaufen. Der Grund hierfür liegt im Kräfteverlauf beim einseitigen Keil.*
Wie reagiert der Fachmann auf dieses Problem?

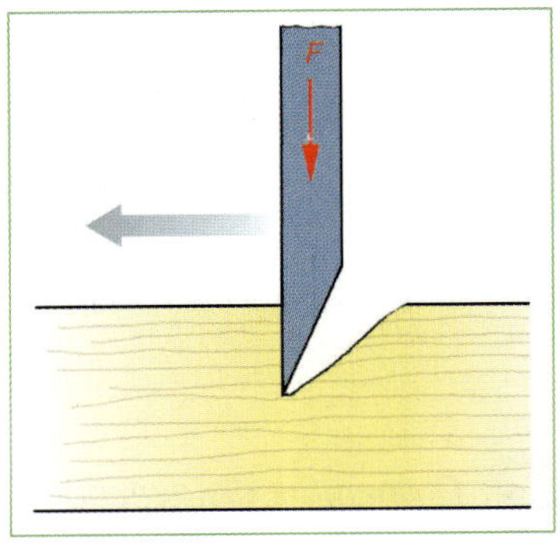

2 *Benennen Sie die dargestellten Stemmwerkzeuge fachgerecht und nennen Sie Einsatzbereiche*

3 *Nennen Sie Einsatzbereiche von Raspeln und Feilen im Tischlerhandwerk.*

Raspeln:

Feilen:

4 *Was besagt die Hiebnummer bei Raspeln und Feilen?*

5 *Ergänzen Sie den folgenden Satz:*

Je härter der Werkstoff, desto ____________________ *der Hieb.*

Name: **Klasse/Gruppe:** **Datum:**

1 *Ein Tischler muss in verschiedensten Materialien Bohrungen fachgerecht durchführen können. Auch die Art der Bohrung kann dabei sehr unterschiedlich sein.*

Ordnen Sie den verschiedenen Anwendungsbeispielen den jeweils richtigen Bohrer zu.

Anwendungsbeispiel	Bohrer
Zur Befestigung einer Garderobe aus Eschenholz an einem verputzten Ziegelmauerwerk müssen Dübellöcher mit einem Durchmesser von 6 mm in die Wand gebohrt werden.	
Ein schwarzer Durchfallast muss aus einer Fichtenleiste entfernt werden.	
In eine Stahlschiene müssen mehrere Löcher gebohrt werden.	
Für die Unterkonstruktion einer Wandverkleidung müssen in Dachlatten 4 mm große Löcher grob vorgebohrt werden.	
In eine Schranktüre müssen zur Aufnahme von zwei Topfbändern die Löcher gebohrt werden.	
An den Unter- und Oberschränkchen einer Küchenzeile aus Ahorn müssen die Löcher zur Befestigung der Griffe exakt vorgebohrt werden:	
In einen Holzbalken muss zur Aufnahme einer Gewindestange ein tiefes Loch gebohrt werden.	

2 *Der abgebildete Bohrer besitzt Vorschneiden und eine Zentrierspitze. Welche Bedeutung haben diese beiden Besonderheiten?*

Vorschneiden:

Zentrierspitze:

3 *Nennen Sie drei Maßnahmen zur Unfallverhütung beim Arbeiten mit Hand- oder Ständerbohrmaschinen.*

Name: **Klasse/Gruppe:** **Datum:**

1 *Schreiben Sie den folgenden Text in Normschrift mit Groß- und Kleinbuchstaben:*

Der Kluge lernt aus seinen Fehlern, der Weise lernt aus den Fehlern der anderen, und der Narr lernt weder aus dem einen noch aus dem anderen.

2 *Schreiben Sie den folgenden Text in Normschrift nur mit Großbuchstaben:*

WO MEINE GABEN LIEGEN. DA LIEGEN MEINE AUFGABEN. DER BERUF SOLLTE ETWAS SEIN, WOFÜR MAN LEBT, NICHT WOVON MAN LEBT.

3 *Schreiben Sie Ihr Geburtsdatum und das Ihrer unmittelbaren Banknachbarn in Normschrift:*

Name: **Klasse/Gruppe:** **Datum:**

Bennenen Sie die in der Schnittzeichnung dargestellten Linienarten. Geben Sie auch die Liniendicke (0,35 / 0,7 / 1,4) sowie das jeweilige Anwendungsbeispiel an.

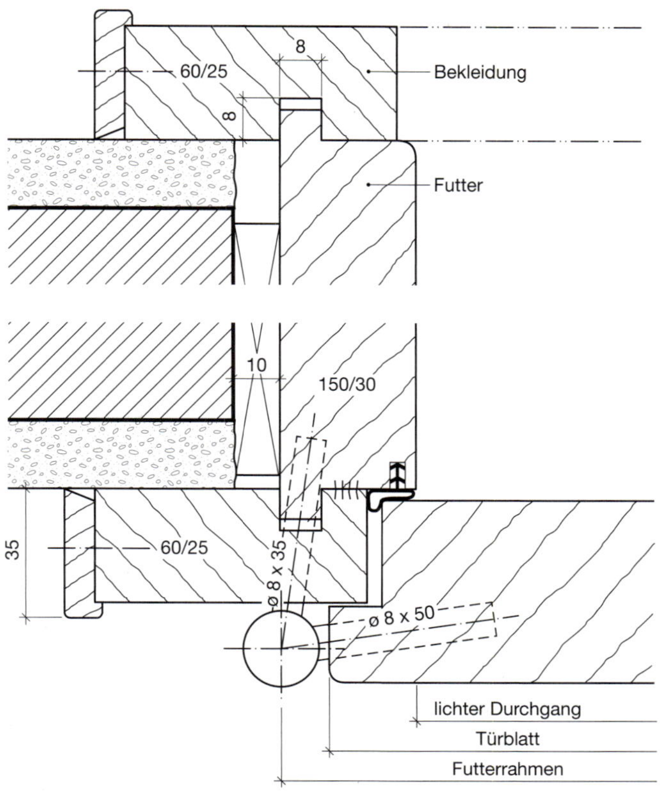

Linienart	Strichdicke	Anwendungsbeispiel
①		
②		
③		
④		
⑤		
⑥		
⑦		
⑧		
⑨		
⑩		
⑪		

Name: **Klasse/Gruppe:** **Datum:**

Die Aufgaben 1 und 2 sind auf ein Blatt der Größe A4 (Hochlage) zu zeichnen.

1 *Zeichnen und bemaßen Sie die Draufsicht auf das dargestellte Schneidbrett im Maßstab 1 : 2.*

Länge = 25 cm*, Breite = 20* cm*. Auf der linken Seite wurde mit r = 40* mm *abgerundet, rechts mit r = 10* mm*. Die mittig liegende Bohrung hat einen Durchmesser von 10* mm*, der Bohrlochmittelpunkt liegt 12* mm *vom rechten Rand entfernt.*

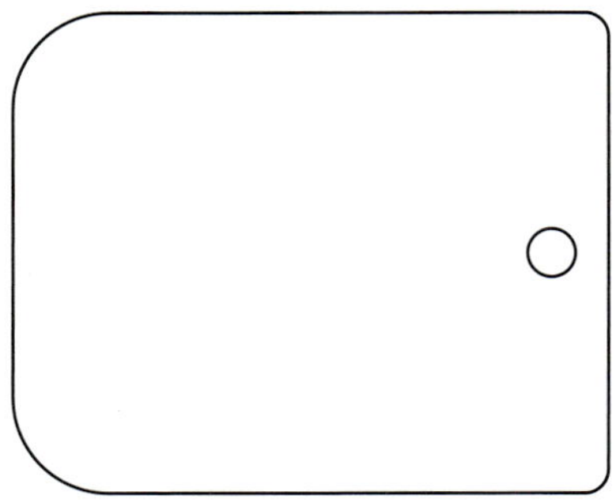

2 *Zeichnen und bemaßen Sie die dargestellte Gehäuserückwand im Maßstab 1 : 5.*

Das Rechteckmaß beträgt 45 cm*/25* cm*. Die Ecken sind mit r = 25* mm *abgerundet. Die mittig angebrachte Aussparung ist 25* cm *lang (inkl. Rundung) und 5* cm *breit. Die beiden Bohrungen haben einen Durchmesser von 15* mm*. Die Bohrlochmittelpunkte befinden sich jeweils 5* cm *vom Rand entfernt.*

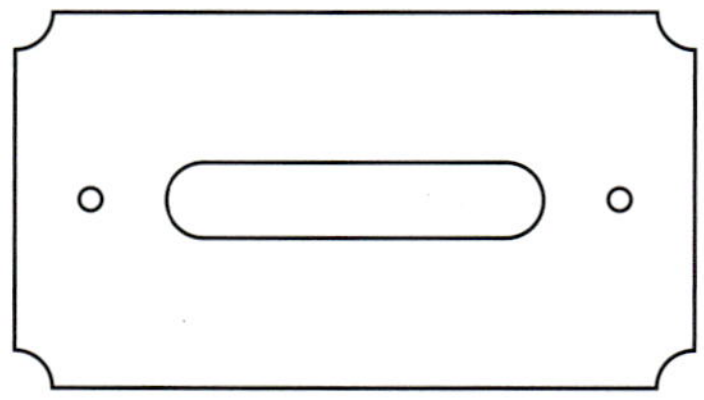

Name: Klasse/Gruppe: Datum:

Name: **Klasse/Gruppe:** **Datum:**

Die Aufgaben 3 und 4 sind auf die Rückseite des Blattes zu zeichnen (Hochlage).

3 *Ein Brett mit den ursprünglichen Maßen 135/65* mm *erhält links oben eine Hohlkehle mit r = 15* mm, *links unten einen Falz mit den Maßen 45/20* mm, *rechts oben eine Abrundung mit dem Radius r = 20* mm *und rechts unten eine Nut mit den Maßen 5/30* mm. *Die Nut beginnt in einem Abstand von 35* mm *von rechts außen.*

4 *Ein Brett mit den ursprünglichen Maßen 100/60* mm *erhält links oben eine Bohrung mit dem Durchmesser 15* mm.
Der Bohrlochmittelpunkt befindet sich 2 cm *vom oberen und linken Rand entfernt.*
Rechts oben erhält das Brett eine Bohrung mit dem Durchmesser 3 mm.
Der Bohrlochmittelpunkt hierzu liegt 15 mm *vom oberen bzw. rechten Rand entfernt.*
Links unten wird das Brett mit dem Radius r = 4 mm *abgerundet.*
Rechts unten wird ein Doppelfalz angebracht. Falzbreite und Falztiefe betragen jeweils 10 mm.

Name: **Klasse/Gruppe:** **Datum:**

Name: **Klasse/Gruppe:** **Datum:**

Zeichnen und bemaßen Sie die dargestellten Querschnitte bzw. Ansichten im Maßstab 1 : 1 normgerecht. Überlegen Sie sich vor Beginn des Zeichnens eine vernünftige Blatteinteilung auf DIN A4 Hochformat.

1. Rahmenquerschnitt 48/24 mm, Nuttiefe 10 mm, Nutbreite 8 mm.	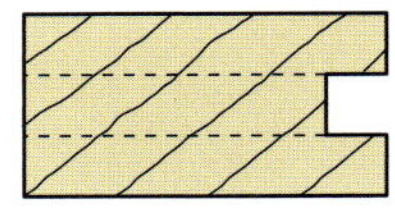
2. Rahmenquerschnitt 55/24 mm, Falzmaß auf beiden Seiten 7,5/16 mm.	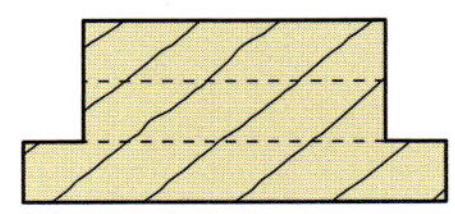
3. Gratleiste 70/30 mm, Grathöhe 9 mm, Gratschräge 75°, Fasen 4 x 45°.	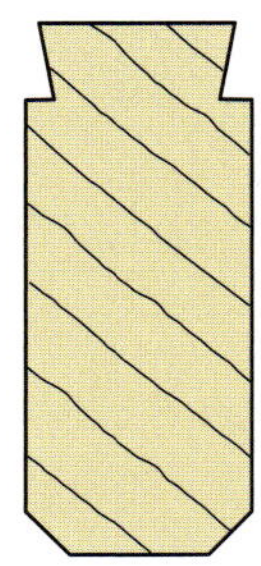
4. Ursprüngliches Rechtecksmaß 90/50 mm, Durchmesser der angeschnittenen Bohrung 35 mm, Falz 12/12 mm. Der Bohrlochmittelpunkt liegt 4 cm vom linken Rand und 1 cm vom unteren Rand entfernt.	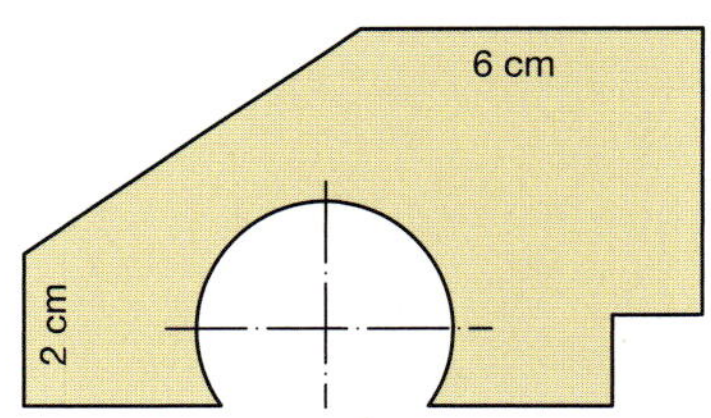
5. Ursprüngliches Rechtecksmaß 40/70 mm, Nut 12/10 mm, Falz 10/10 mm, Rundung r = 15.	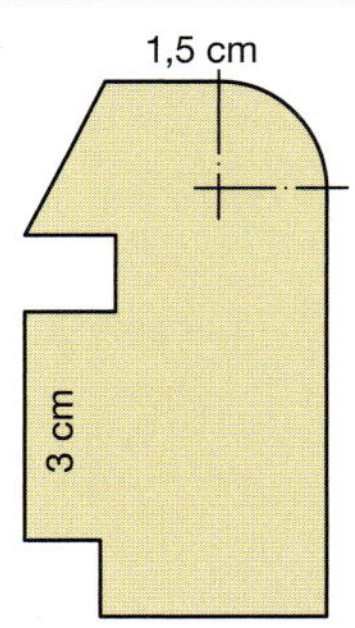
6. Ursprüngliches Rechtecksmaß 40/60 mm, Nuttiefe jeweils 15 mm, Nutbreite je 10 mm. Hohlkehle r = 10.	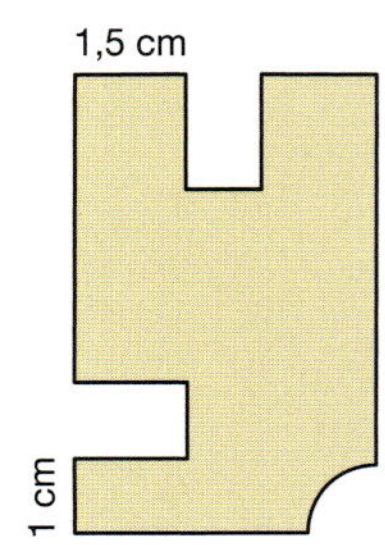

Name: Klasse/Gruppe: Datum:

Name: **Klasse/Gruppe:** **Datum:**

Name: **Klasse/Gruppe:** **Datum:**

Für ein Schmuckgeschäft sollen mehrere Fachböden in der abgebildeten Form hergestellt werden.

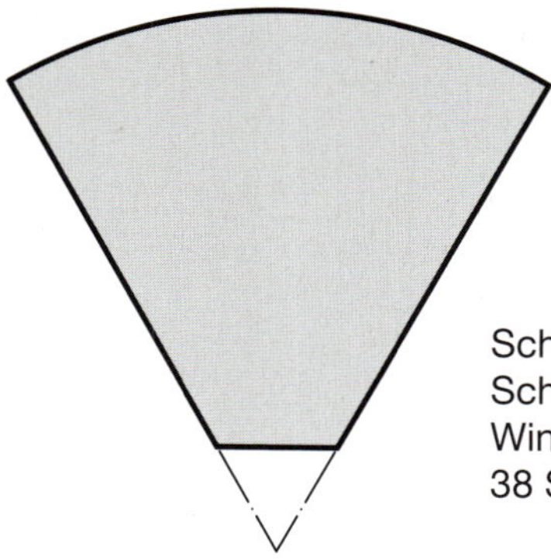

Schenkellänge (Rohzuschnitt): 360 mm
Schenkellänge (fertig): 280 mm
Winkel: 60°
38 Stück

1 *Zeichnen Sie den Fachboden im Maßstab 1 : 5. Zur Ermittlung des Kantenbedarfs ist auch die Bogenlänge zu bemaßen.*

2 *Berechnen Sie den Bedarf an Kantenmaterial für den gesamten Auftrag (es wird nur der Bogen mit einer Kante versehen).*

Name: **Klasse/Gruppe:** **Datum:**

1 *Ein Kunde möchte einen Esstisch aus Ahorn in der Form eines regelmäßigen Sechsecks. Die Seitenlänge des Tisches soll 80 cm betragen. Konstruieren Sie die Draufsicht des Tisches im Maßstab 1 : 20.*

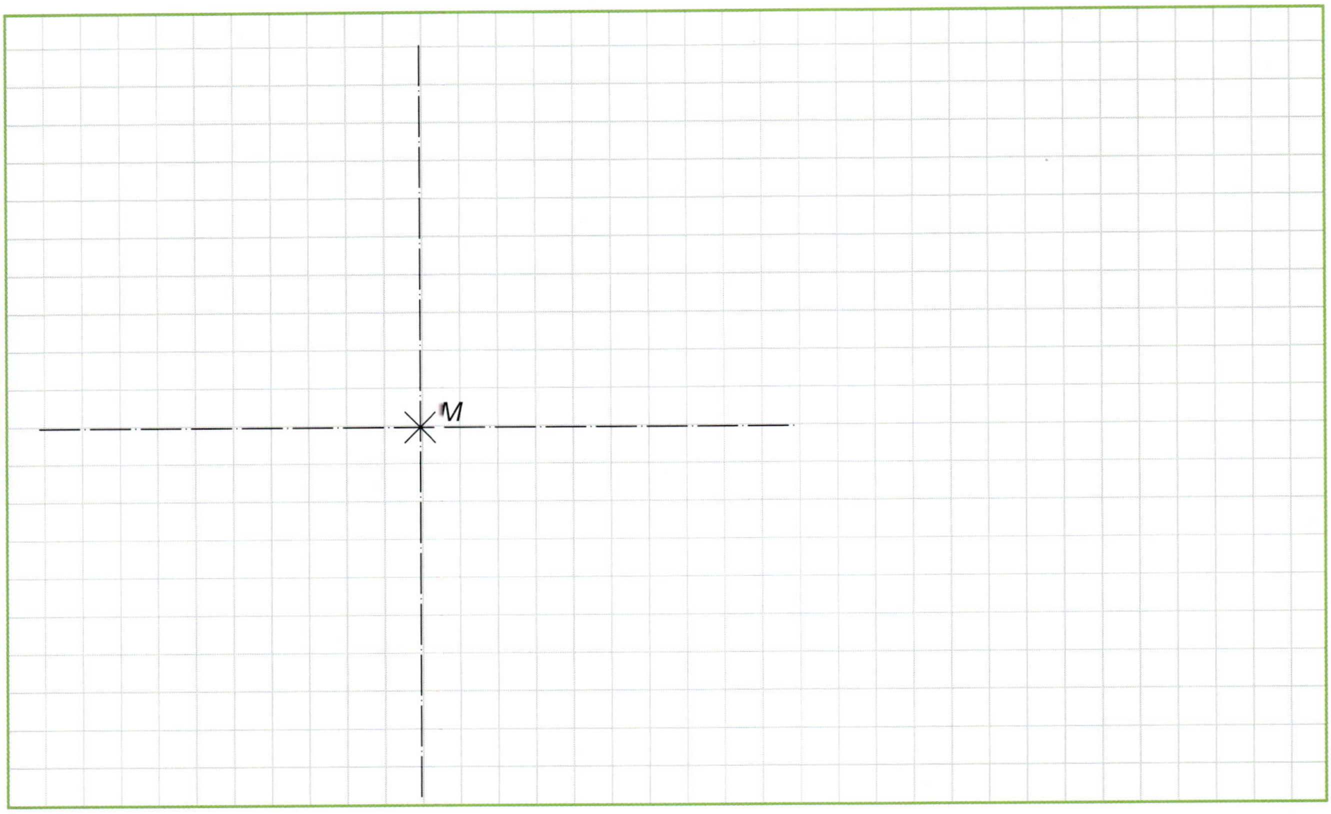

2 *Für ein Bekleidungshaus sollen Ablagefächer in der Form eines regelmäßigen Fünfecks mit einer Seitenlänge von 40 cm gefertigt werden.*

a) Konstruieren Sie das regelmäßige Fünfeck im Maßstab 1 : 10.

b) Berechnen Sie den Winkel, der an der Kreissäge zum Schneiden der Anleimerstöße eingestellt werden muss.

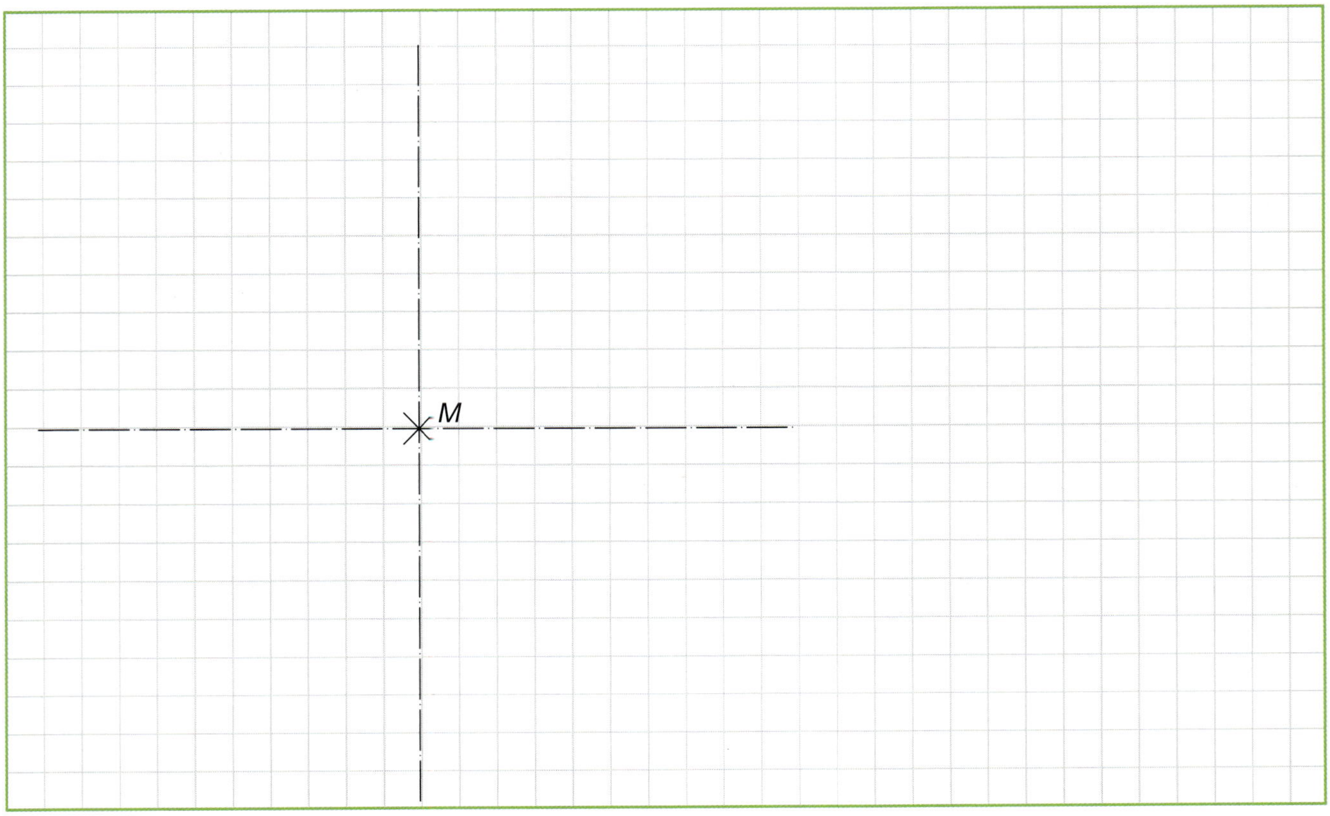

Name: **Klasse/Gruppe:** **Datum:**

Entwerfen Sie ein regelmäßiges Siebeneck

a) mit der speziellen Siebeneck-Konstruktion,

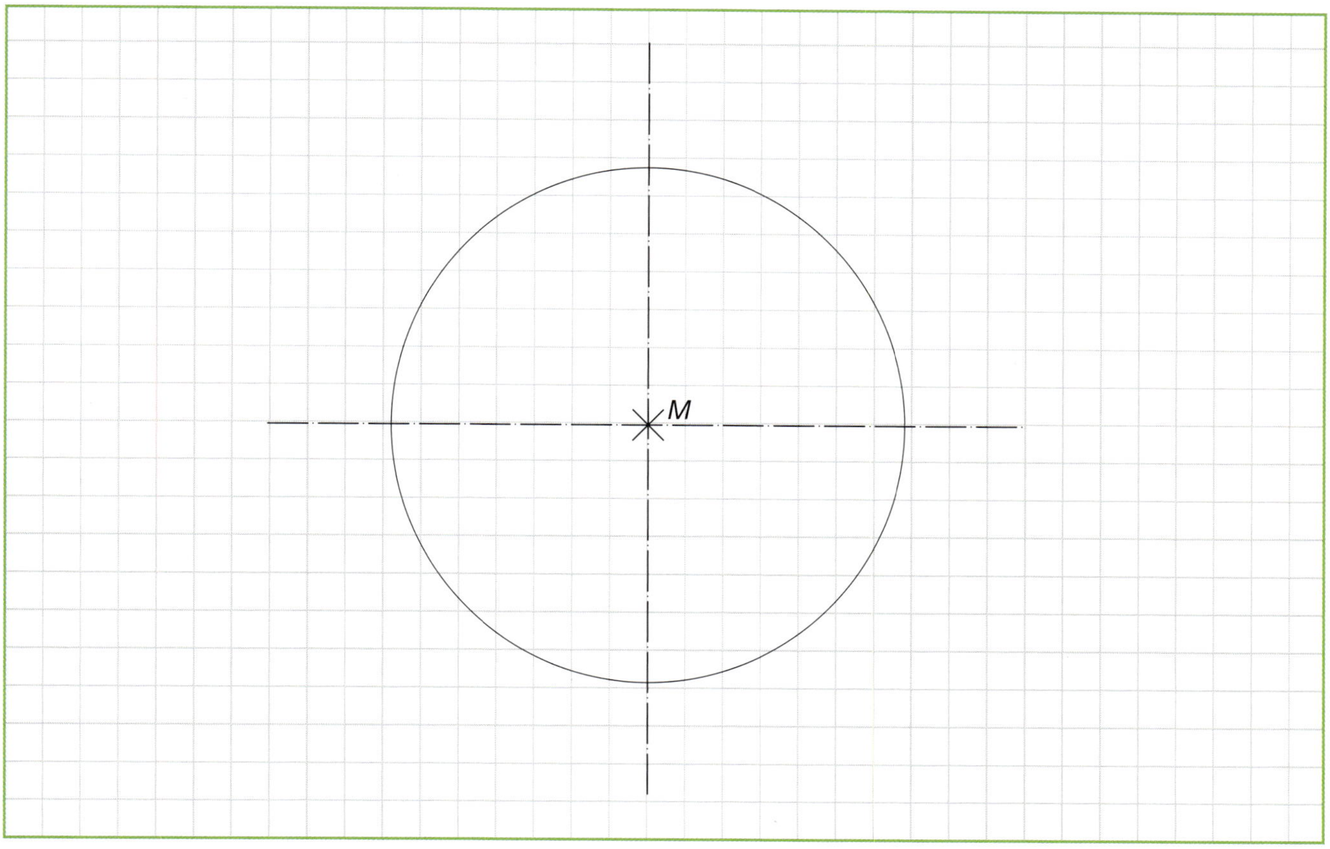

b) mit der allgemeinen Vieleck-Konstruktion.

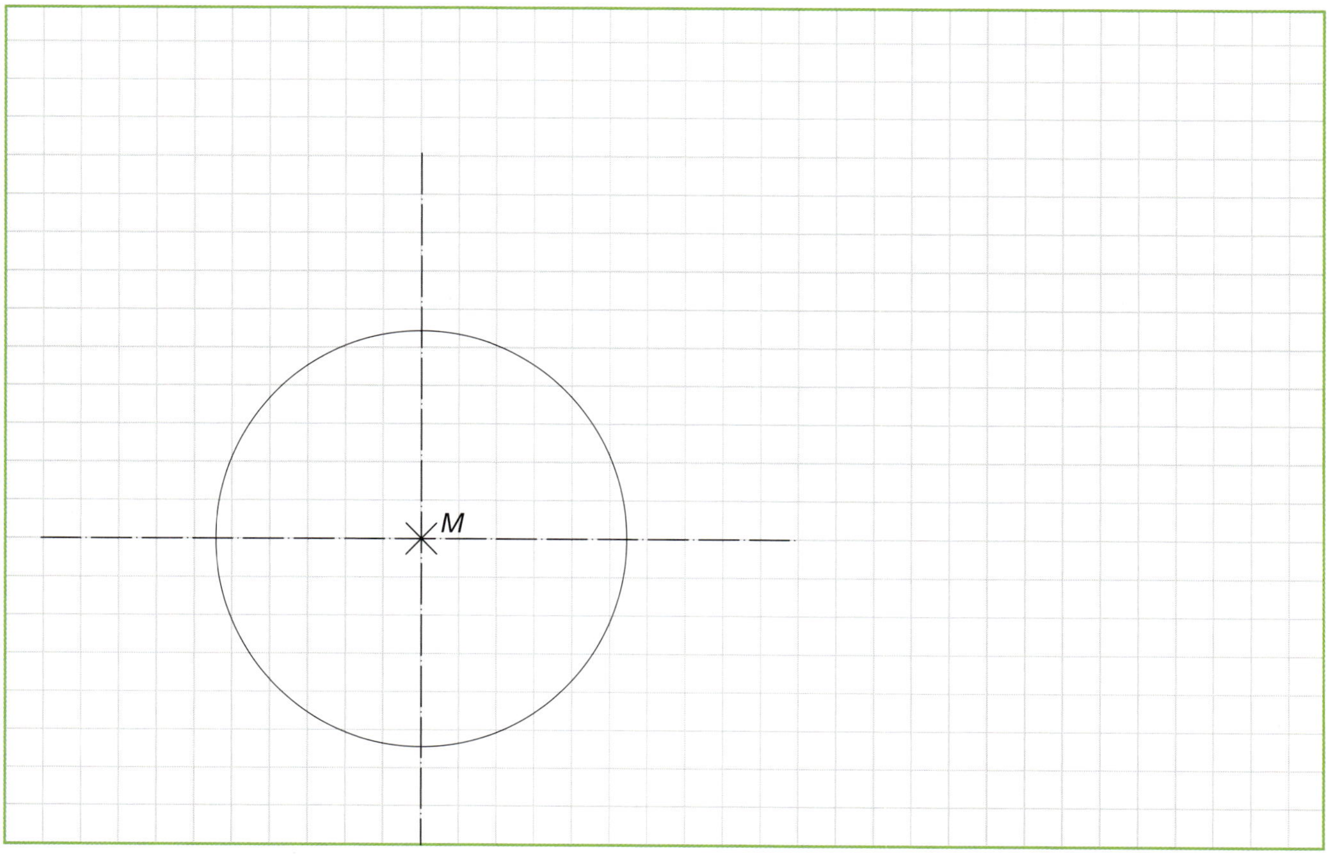

Name: **Klasse/Gruppe:** **Datum:**

1 *Ein Tischlerlehrling möchte für ein Geschenk einen zehneckigen Brotzeitteller aus Olivenholz anfertigen. Zeichnen Sie die Draufsicht auf den Teller (regelmäßiges Zehneck).*

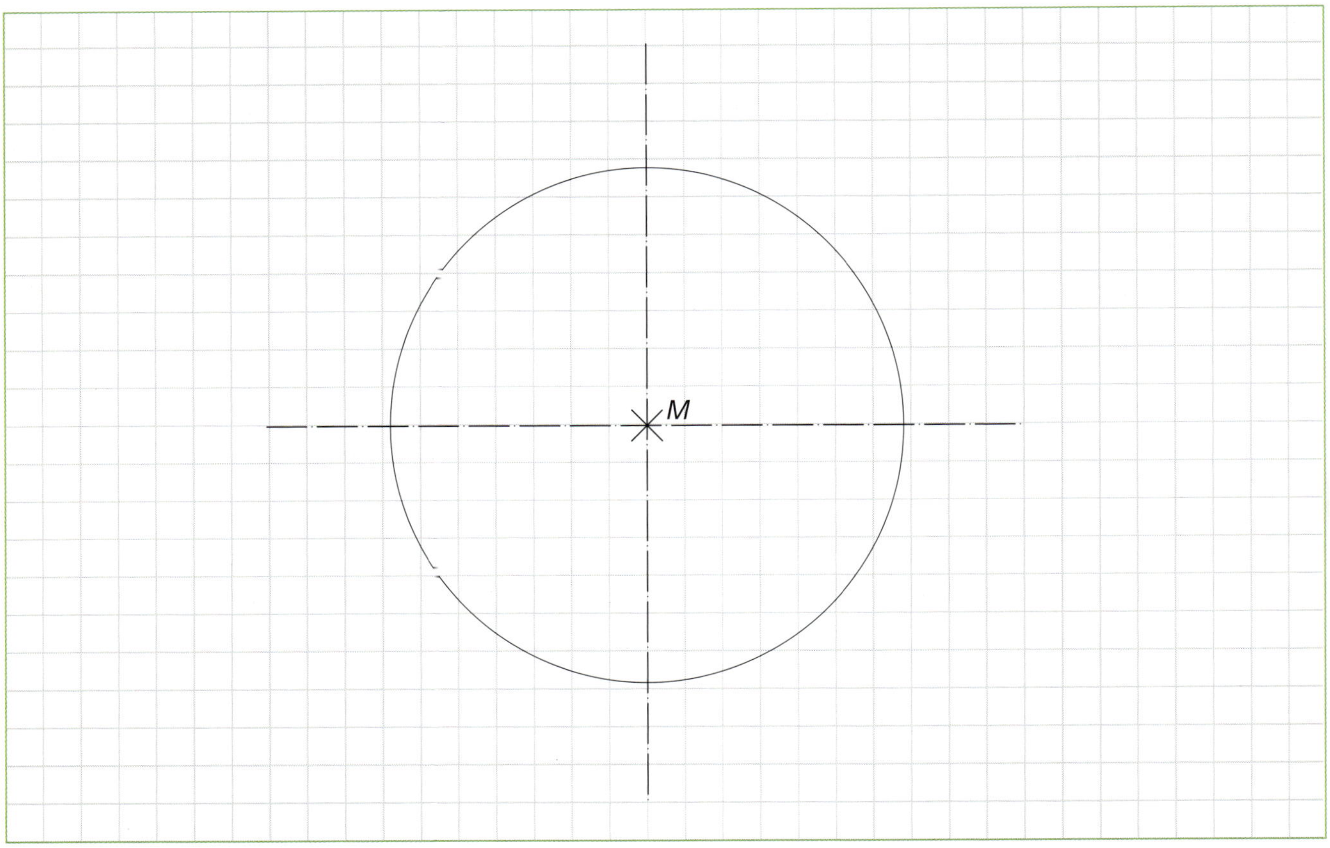

2 *Das verglaste Seitenteil einer Windfangtüre soll optisch schön gestaltet werden. Dazu sollen die Achsabstände der waagerechten Rahmenfriese im Verhältnis 3 : 5 : 8 aufgeteilt werden.*

Zeichnen Sie das Rahmenelement im Maßstab 1 : 10 auf ein separates Zeichenblatt DIN-A4 und ermitteln Sie konstruktiv die richtige Einteilung.

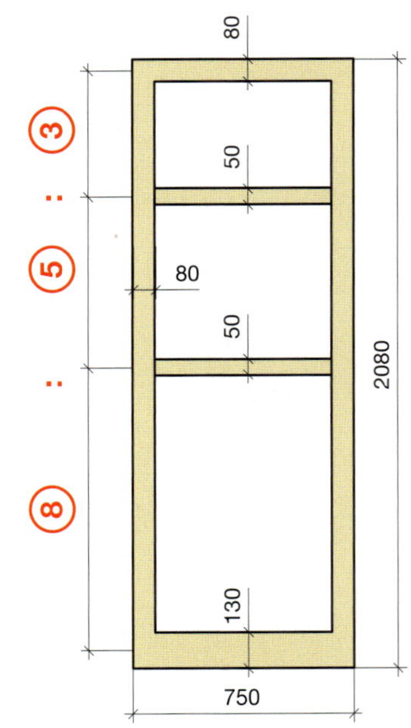

Name: **Klasse/Gruppe:** **Datum:**

Name: **Klasse/Gruppe:** **Datum:**

1 *Ergänzen Sie das angedeutete Kranzgesims durch ein stehendes Karnies. Der obere Abrundungsradius beträgt 30 mm, der untere 15 mm.*

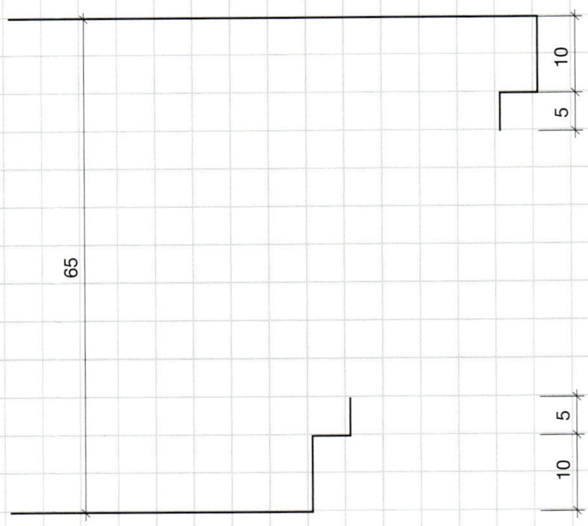

2 *Konstruieren Sie den oberen Abschluss des dargestellten Türblatts als Korbbogen mit drei Einsatzpunkten im Maßstab 1 : 10. Die Stichhöhe soll 30 cm betragen.*

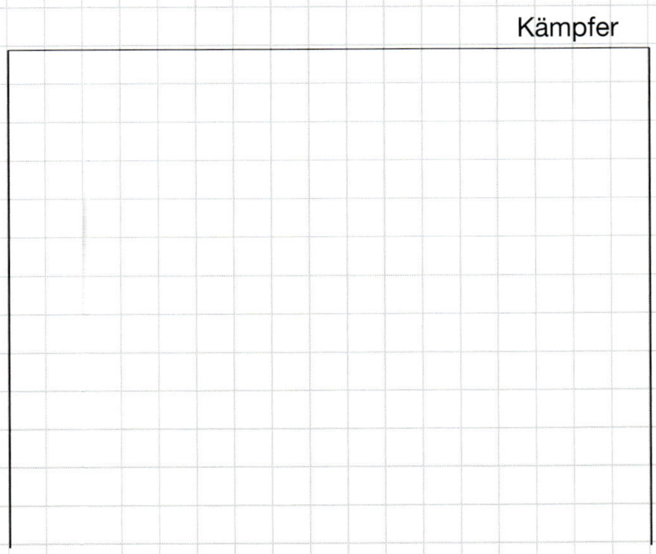

Räumliche Darstellung von Körpern (Isometrie)

Blatt-Nr. 1

Name: **Klasse/Gruppe:** **Datum:**

Zeichnen Sie auf dieses Blatt das aufrechte Schlitzteil und das liegende Zapfenteil einer Schlitz- und Zapfenverbindung mit Falz in Isometrie. Verwenden Sie das Blatt im Querformat. Verdeckte Kanten sind einzuzeichnen. Maßstab = 1 : 1

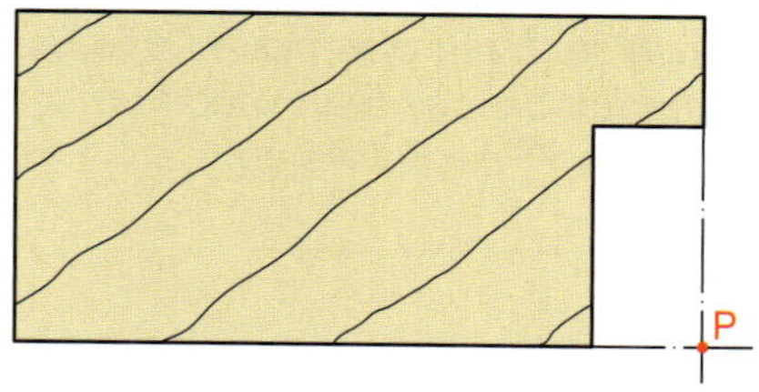

Vorgaben:
- *Querschnittsmaß 50/24* mm
- *Länge der Teile: 90* mm
- *Falzmaße: 8/16* mm

Name: **Klasse/Gruppe:** **Datum:**

Zeichnen Sie auf dieses Blatt dieselbe Schlitz- und Zapfenverbindung mit Falz mit den gleichen Maßen wie bei Arbeitsblatt 1, nur diesmal in Dimetrie. Setzen Sie zusätzlich die vordere Schlitzwange auf Gehrung ab. Verwenden Sie das Blatt wiederum im Querformat. Verdeckte Kanten sind einzuzeichnen. Maßstab = 1:1. Tragen Sie 7° nach links ab.

Name: **Klasse/Gruppe:** **Datum:**

Ein Kunde möchte, dass ihm ein Tischler ein Nachttischschränkchen anfertigt.

1 *Welche Fragen muss ein Tischler an den Kunden stellen, um dessen genauen Wünsche und Vorstellungen zu erfahren?*

2 *Legen Sie eine Größe für den Nachttisch fest (Höhe, Breite, Tiefe). Skizzieren Sie hier und auf der Rückseite dieses Blattes mehrere verschiedene Frontansichten im Maßstab 1 : 5 oder 1 : 10. Beachten Sie den Goldenen Schnitt bzw. die Goldenen Rechtecke.*

Höhe: ______ *Breite:* ______ *Tiefe:* ______

3 *Wählen Sie einen Entwurf aus und besprechen Sie ihn mit Ihrem Banknachbarn.*

4 *Stellen Sie Ihren Entwurf an der Tafel dem Rest der Klasse vor.*

Name: **Klasse/Gruppe:** **Datum:**

Name: ____________________ Klasse/Gruppe: ____________________ Datum: ____________________

Stellen Sie die Aufgaben von Berufsgenossenschaft, Handwerkskammer, Innung und Betriebsrat gegenüber.

Berufsgenossenschaft

Handwerkskammer

Innung

Betriebsrat

Name: **Klasse/Gruppe:** **Datum:**

1 *Erläutern Sie ausführlich anhand einer kleinen Skizze, weshalb eine Stäbchenplatte im Vergleich zu einer Stabplatte ein höherwertiger Werkstoff ist.*

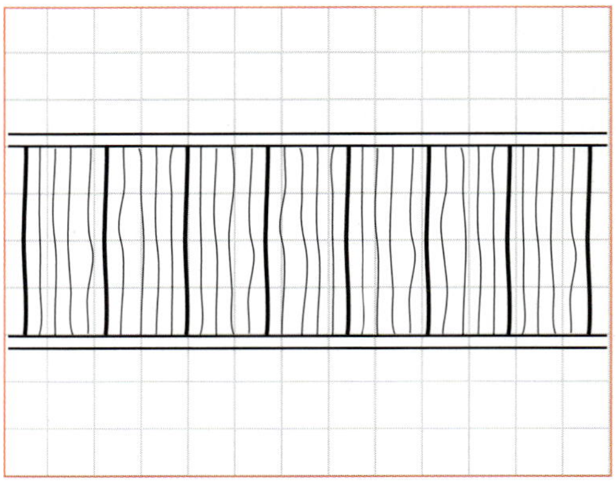

2 *Eine Flachpressplatte trägt den Aufdruck V 100 G. Was bedeutet dieser Aufdruck?*

Was drücken dagegen die Bezeichnungen E1, E2, E3 bei Flachpressplatten aus?

3 *Eine MDF-Platte (siehe Bild) hat gegenüber anderen Plattenwerkstoffen zwei große Vorteile. Nennen Sie diese und erwähnen Sie auch einen Nachteil der Platte.*

Was ist zudem bei MDF-Platten zu beachten, wenn man sie lackieren will?

4 *Welchen Holzfaserwerkstoff verwenden Sie bei folgenden zwei Anwendungsbeispielen? (Bitte nur Kurzzeichen angeben)*

a) Schall schluckende und zugleich Wärme dämmende Vertäfelung ______________.

b) Schubkastenboden bei einem Kleinmöbel ______________.

5 *HPL-Platten werden als Belag für viele Plattenarten verwendet. Was bedeutet die Abkürzung HPL (deutsch/englisch), welches sind die herausragenden Eigenschaften dieser Platte und was ist bei der Bearbeitung mit Maschinen zu beachten?*

Deutsch: *Englisch:*

Name: **Klasse/Gruppe:** **Datum:**

1 *Berechnen Sie den Flächeninhalt der dargestellten Fläche in* dm².

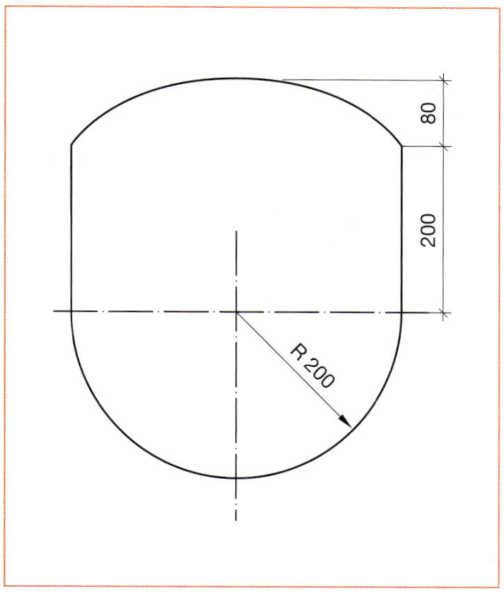

2 *Ermitteln Sie für die dargestellte Tischplatte*

a) die Fertigfläche in m²

b) die Rohmenge in m² *bei 15 % Verschnittzuschlag*

c) die Länge des Umleimers in m

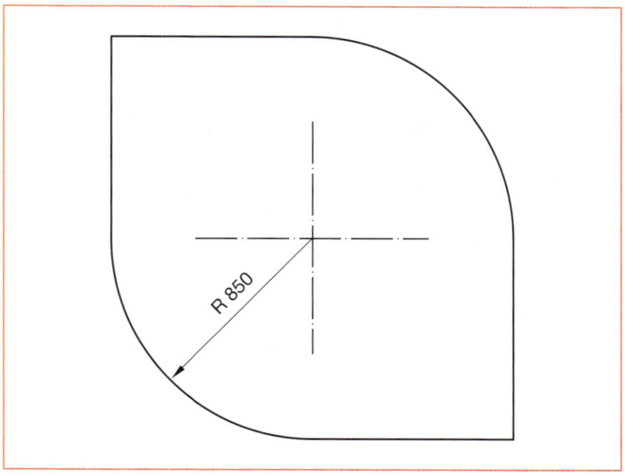

Name: **Klasse/Gruppe:** **Datum:**

3 *Aus einer Spannplatte sollen zwei gleiche Böden für eine Eckvitrine zugeschnitten werden. Berechnen Sie:*

a) die Rohmenge in m²

b) die Fertigmenge in m²

c) den Verschnittzuschlag in %

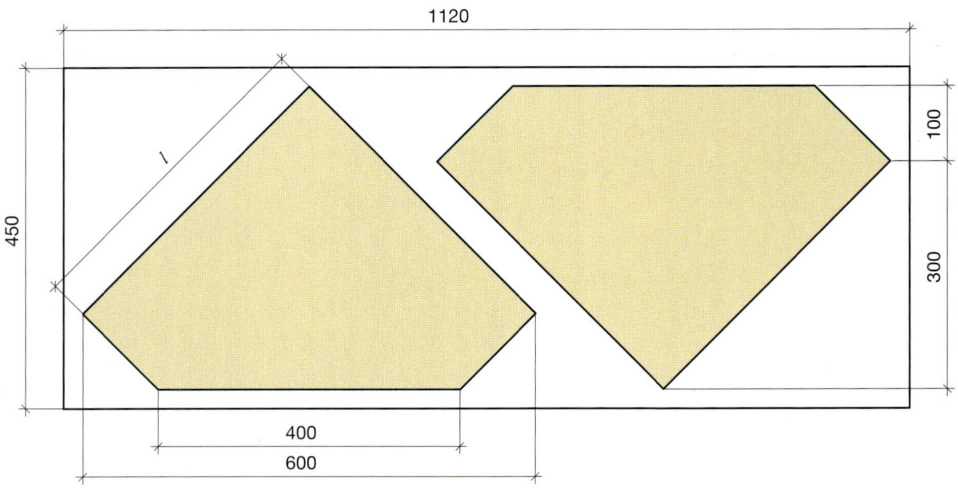

Herstellung und Verarbeitung von Furnieren

Blatt-Nr. 1

Name: **Klasse/Gruppe:** **Datum:**

1 *Benennen Sie die verschiedenen Furnier-Herstellungsverfahren und geben Sie Vor- und Nachteile an.*

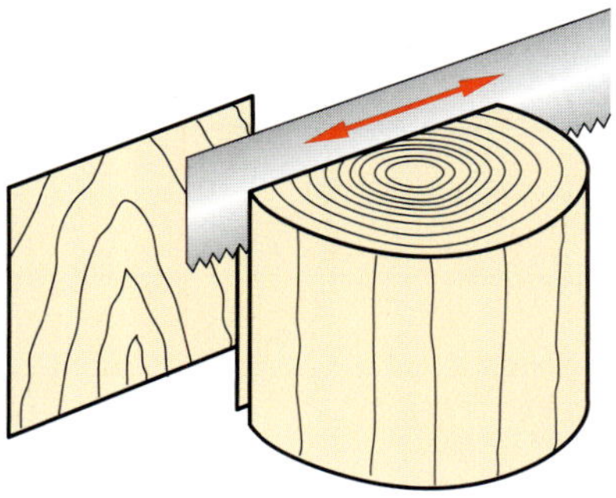		
	Vorteil	
	Nachteil	
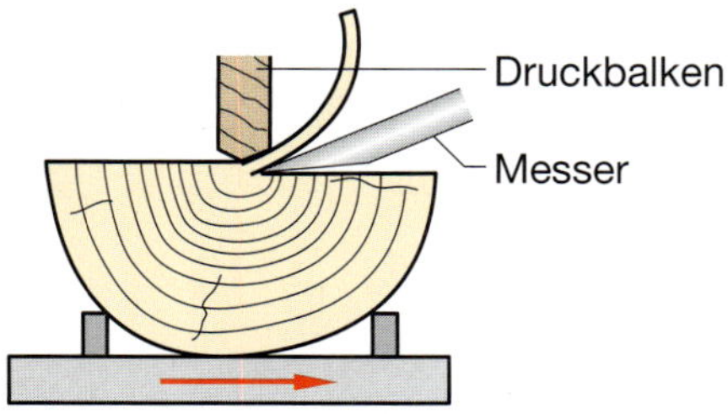		
	Vorteil	
	Nachteil	
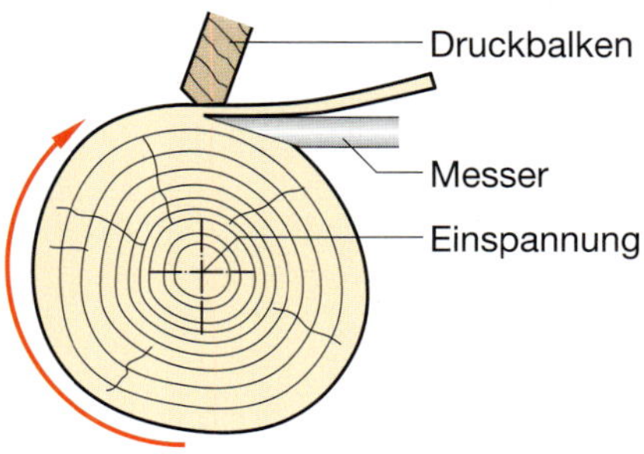		
	Vorteil	
	Nachteil	

2 *Eine besondere Art der Furnierherstellung ist das sog. „Exzentrisch-Schälen“, bei dem der vorbereitete Stamm außermittig in die Schälmaschine eingespannt wird. Welche Ergebnisse werden dadurch erzielt?*

3 *Bei halbblumigen Furnieren werden die Furnierblätter meist nicht in der Breite aneinander gereiht (geschoben), sondern* ***gestürzt****.*

a) Ergänzen Sie das nebenstehende, gestürzte Furnierbild.

b) Welche Folge ergibt sich, insbesondere bei gebeizten Flächen, durch das Stürzen der Furnierblätter für die Optik der Oberfläche?

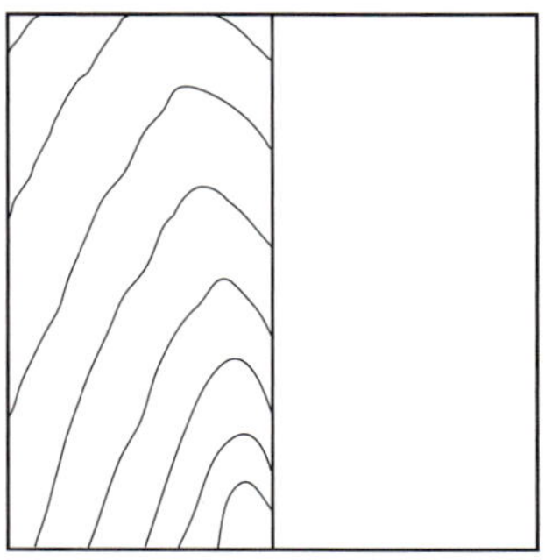

Name: **Klasse/Gruppe:** **Datum:**

1 *Bei Breitenverbindungen von Holz sind bestimmte Verleimregeln zu beachten. Bei den folgenden Beispielen wurden diese Regeln nicht beachtet. Nennen Sie die Fehler.*

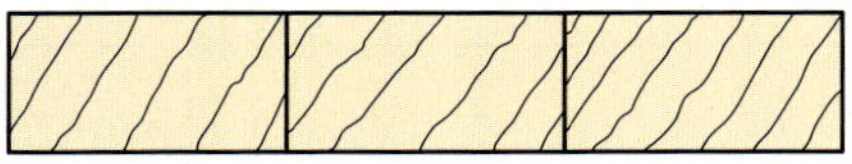
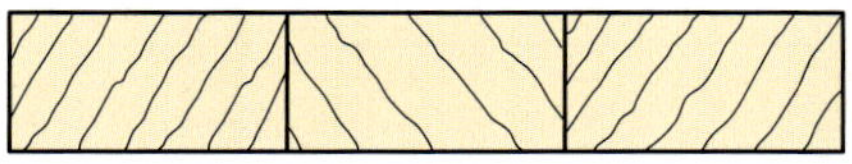
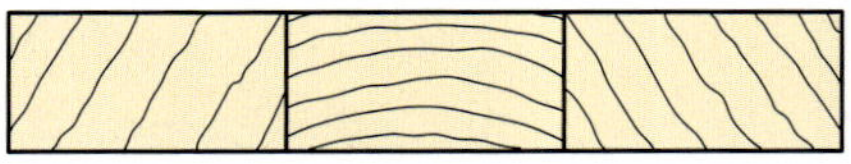

2 *Wie beurteilen Sie die Holzauswahl bei folgenden Breitenverbindungen?*

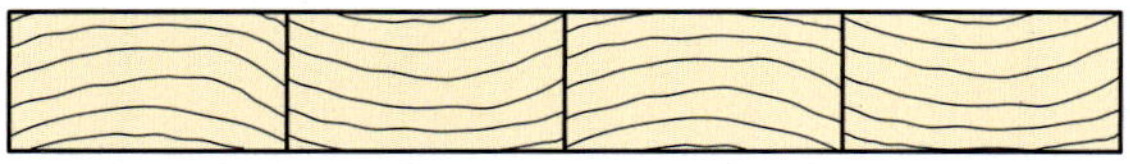
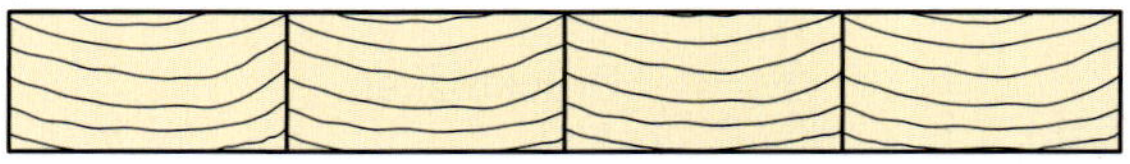

3 *Welche Vorteile bieten Verleimhilfen wie Lamellen-Formfeder oder Dübel bei Breitenverleimungen?*

4 *Zur Sicherung von Breitenverbindungen wird gerne die Gratleiste verwendet.*

a) *Welche Aufgaben hat eine Gratleiste zu erfüllen?*

b) *Nennen Sie die Maße, die bei der Herstellung einer Gratleiste einzuhalten sind.*

①

②

③

④

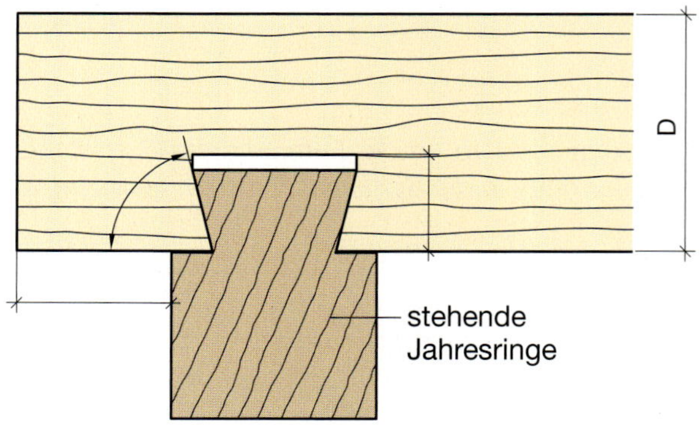

c) *Erklären Sie ausführlich, weshalb eine Gratleiste „stehende Jahresringe" aufweisen sollte.*

Die Holzverbindungen (Eckverbindungen: Kasteneckverbindung)

Blatt-Nr. 2

Name: ______ **Klasse/Gruppe:** ______ **Datum:** ______

Eine einfache Kasteneckverbindung aus Fichtenholz (zwei Böden, zwei Seiten) soll als offene Schwalbenschwanzzinkung hergestellt werden.

Maße							
Böden:	l = 450 mm	b = 230 mm	d = 18 mm	**Seiten:**	l = 290 mm	b = 230 mm	d = 18 mm

1 *Erstellen Sie hierfür eine detaillierte Arbeitsablaufbeschreibung (Formeln nicht vergessen).*

2 *Welche weiteren Kasteneckverbindungen kennen Sie? Nennen Sie drei davon.*

1.
2.
3.

3 *Zeichnen Sie auf die Rückseite dieses Blattes die Zinkeneinteilung für das obige Beispiel.*

Name: **Klasse/Gruppe:** **Datum:**

Name: **Klasse/Gruppe:** **Datum:**

1 *Nennen Sie vier verschiedene Möglichkeiten, eine Rahmeneckverbindung herzustellen.*

2 *Bei der dargestellten Rahmeneckverbindung wurden Rahmenhölzer mit „liegenden Jahresringen“ verwendet.*
Beschreiben Sie möglichst ausführlich, warum diese Holzauswahl einen groben fachlichen Fehler darstellt.

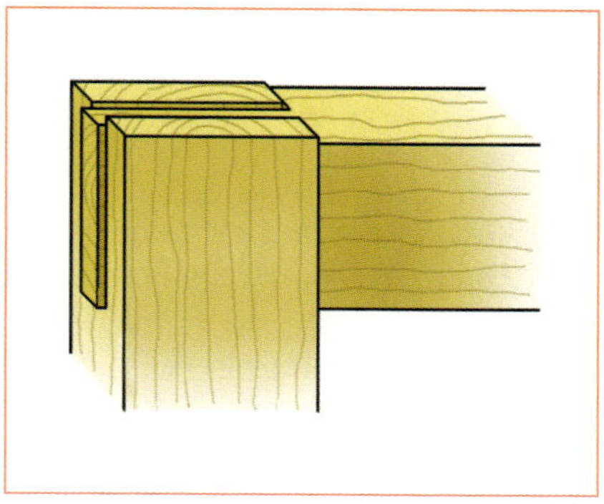

3 *Rahmenverbindungen werden aus optischen Gründen häufig mit einem Innenprofil versehen.*
Die Brüstung wird dabei gerne gekontert (überschoben).
Erklären Sie den Begriff ***kontern****.*

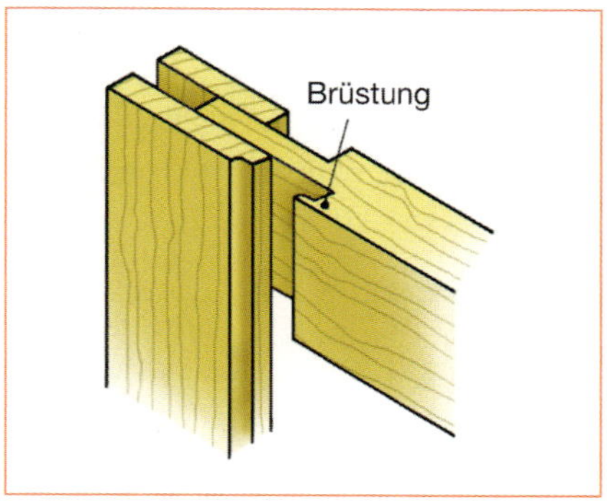

4 *Die Füllung bei den dargestellten Rahmentüren wird durch Glasleisten unterschiedlicher Ausführung gehalten.*
Welche Art der Glasleistenhalterung würden Sie nicht verwenden? Begründen Sie Ihre Entscheidung.

a) 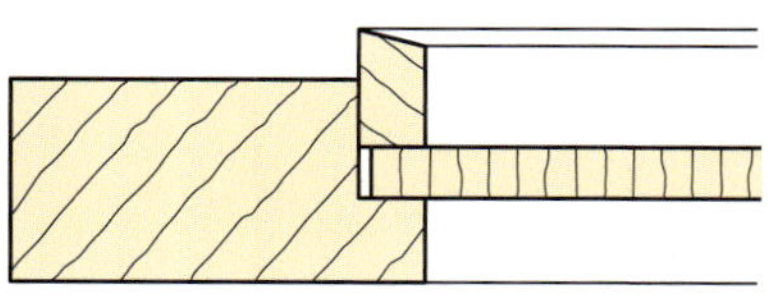

b) 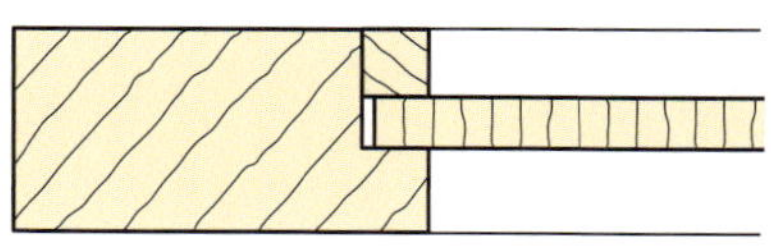

c) 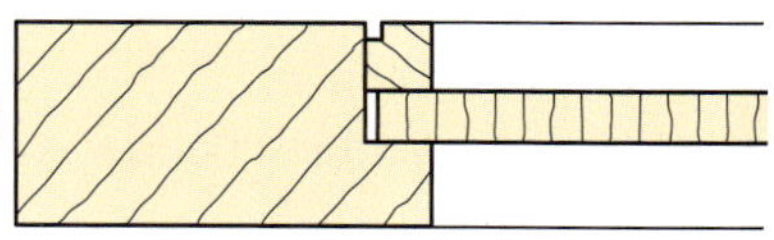

5 *Welche Rahmeneckverbindung ist bei besonders stark belasteten Rahmenecken zu wählen?*

Name: **Klasse/Gruppe:** **Datum:**

Gestellverbindungen werden häufig als gestemmte Zapfenverbindung mit Nutzapfen ausgeführt. Dazu werden in die Stollen Zapfenlöcher eingestemmt und an die Zargen Zapfen angearbeitet.

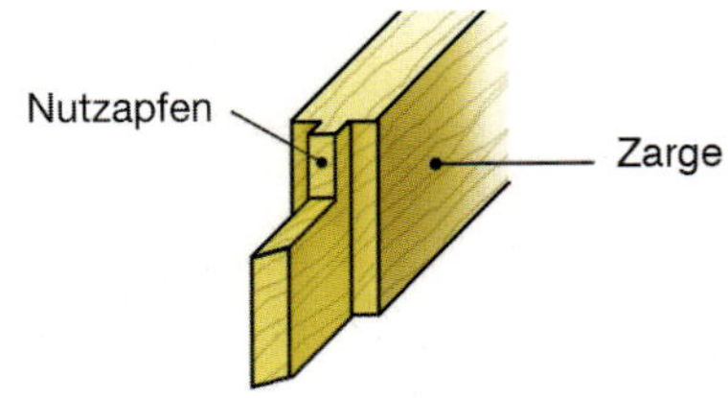

1 *Welche der drei dargestellten Versionen einer gestemmten Zapfenverbindung wurde fachlich richtig ausgeführt? Erläutern Sie, wo die Schwachstellen der anderen beiden Ausführungen liegen.*

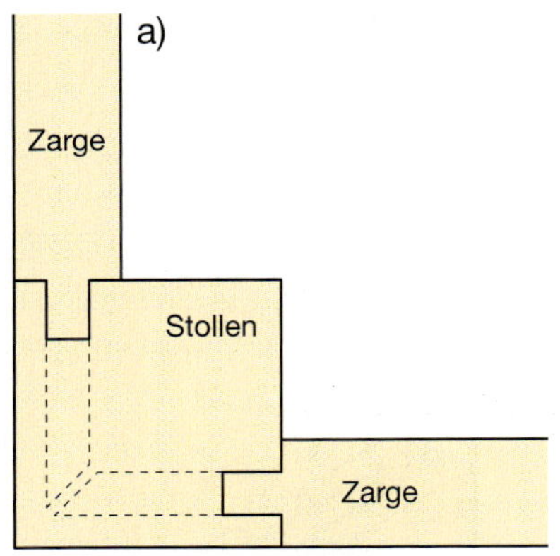

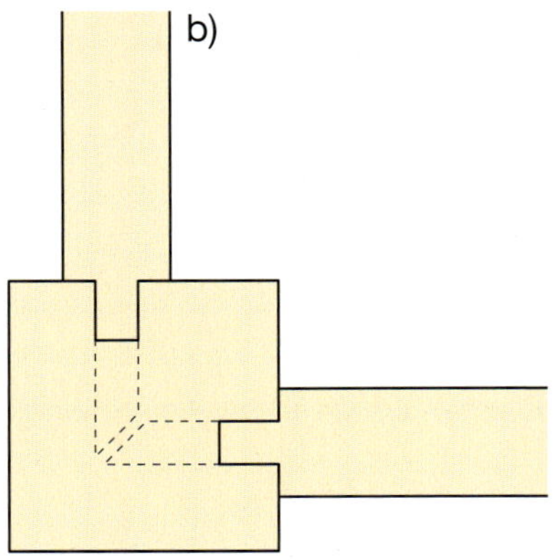

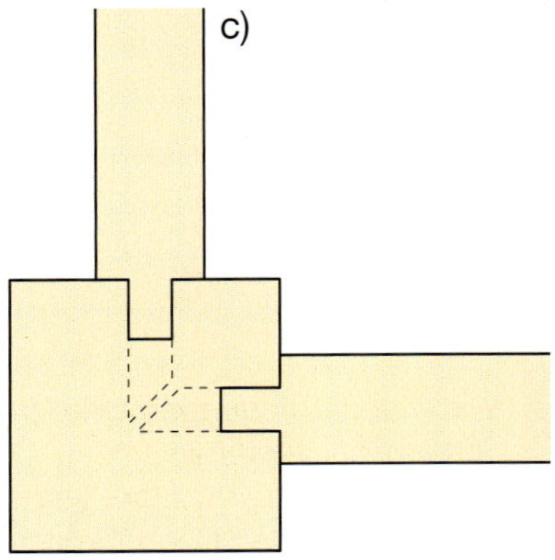

2 Warum werden die Zapfen nur etwa halb so breit wie die Zargen ausgeführt?

3 Welche Bedeutung hat der Nutzapfen?

4 Nennen Sie eine andere Möglichkeit, eine Gestellverbindung herzustellen.

Name: **Klasse/Gruppe:** **Datum:**

Für das dargestellte Regal sollen die Fachböden so eingeteilt werden, dass die lichte Höhe mindestens 305 mm beträgt und überall gleich groß ist. Die Fertigdicke aller Teile beträgt 29 mm. Berechnen Sie:

a) *die Anzahl der Fachböden*

b) *den lichten Abstand l_1, in* mm

c) *den Abstand l_2 der Bohrlochmitte des Fachträgers von der Oberkante in* mm

d) *den Abstand l_3 der Bohrlochmitten untereinander in* mm

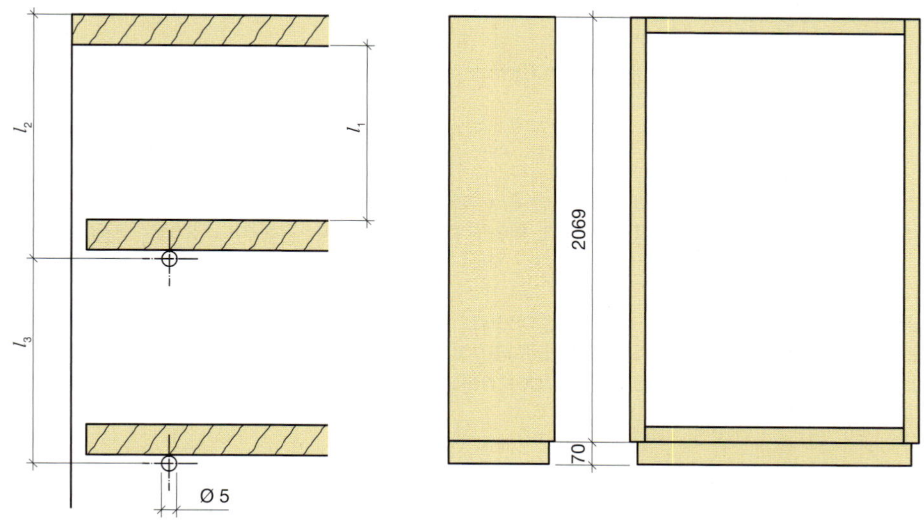

Name: **Klasse/Gruppe:** **Datum:**

- Versuchen Sie, die folgenden Aufgaben in 20 Minuten zu lösen.
  Verwenden Sie dabei das eingeübte Schema, bei dem die gesuchte Größe jeweils in die rechte Spalte geschrieben wird.
- Vergleichen Sie Ihre Lösungen mit denen der Mitschüler und korrigieren Sie gegebenenfalls falsche Lösungen. Nehmen Sie dabei ausschließlich die Hilfe Ihrer Mitschüler wahr. Ein Herumgehen im Klassenzimmer und Veränderungen der Sitzordnung sind hierbei ausnahmsweise erwünscht.
  Das gegenseitige Helfen steht in dieser Stunde im Vordergrund.
- Nach 45 Minuten sollte jeder Schüler die richtigen Lösungen als Eintrag vorweisen können.
- Die Lehrkraft kontrolliert den Lernerfolg durch Einsammeln und Korrektur der Lösungen.

1 *Für eine Holzterrasse müssen zwölf Lagerhölzer in einem Abstand von 60 cm verlegt werden. Wie weit muss der Abstand vergrößert werden, wenn nur zehn Lagerhölzer zur Verfügung stehen?*

2 *Ein Erfahrungswert besagt, dass zwei Tischlergesellen an einem Arbeitstag neun Türfutter setzen. Wie viele Arbeitstage muss ein Tischlermeister in seiner Kalkulation veranschlagen, wenn in einer großen Wohnanlage von fünf Tischlergesellen 180 Türfutter gesetzt werden müssen (gleiche Arbeitsleistung vorausgesetzt)?*

3 *In einer Sportanlage sollen an fünf Tagen bei einer täglichen Arbeitszeit von acht Stunden insgesamt 520 m² Wandverkleidung angebracht werden. Nach zwei Tagen stellt man fest, dass mit drei Arbeitern nur 170 m² geschafft wurden. Um wie viel muss die tägliche Arbeitszeit an den restlichen Tagen erhöht werden, wenn dann noch ein zusätzlicher Arbeiter zur Verfügung gestellt wird?*

Name: Klasse/Gruppe: Datum:

Name: **Klasse/Gruppe:** **Datum:**

1 *Erläutern Sie ausführlich die Aufgabe des Spaltkeils. Tragen Sie in die Zeichnung rechts die beiden einzuhaltenden Maße ein.*

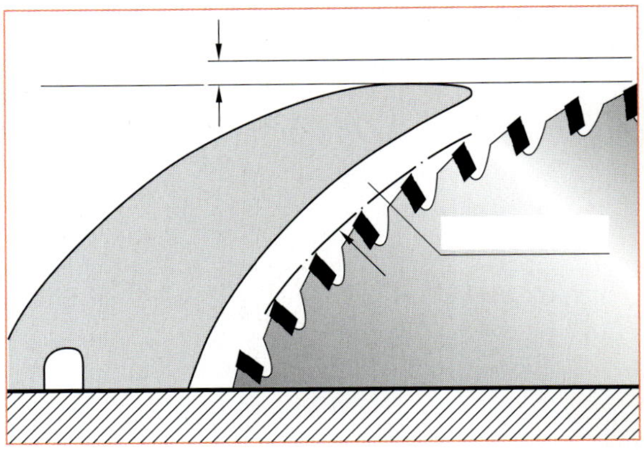

2 *Welche Sicherheitseinrichtungen müssen an der Formatkreissäge bei folgenden Arbeiten benutzt werden?*

a) *Besäumen von Brettern und Bohlen*

b) *Zuschneiden von 10* cm *breiten Brettern am Parallelanschlag*

c) *Zuschneiden von 2,5* cm *breiten Leisten am Parallelanschlag*

3 *Eine Formatkreissäge ist mit einem Verbundsägeblatt (Durchmesser 350* mm*) gerüstet. Die Drehzahl ist auf 6000 1/*min *eingestellt. Weisen Sie mit der Faustformel für die Schnittgeschwindigkeit nach, ob an der Maschine gearbeitet werden darf.*

4 *Welche Gefahren bergen eine zu hohe bzw. eine zu niedrige Schnittgeschwindigkeit an der Formatkreissäge?*

V_c zu hoch:

V_c zu niedrig:

5 *Welchen Abstand darf an einer Handkreissäge der Spaltkeil vom Sägeblatt haben?*

Max. ________ mm

6 *Welches Bauteil einer Handkreissäge muss immer einwandfrei funktionieren, damit ein sicheres Arbeiten gewährleistet ist?*

Name: **Klasse/Gruppe:** **Datum:**

1 *An der Abrichthobelmaschine muss neben der hinteren Messerwellenabdeckung vor allem auch vorne die Messerwelle gegen ein Hineingreifen mit der Hand gesichert sein.*
Benennen Sie die drei möglichen Messerwellenabdeckungen fachgerecht.

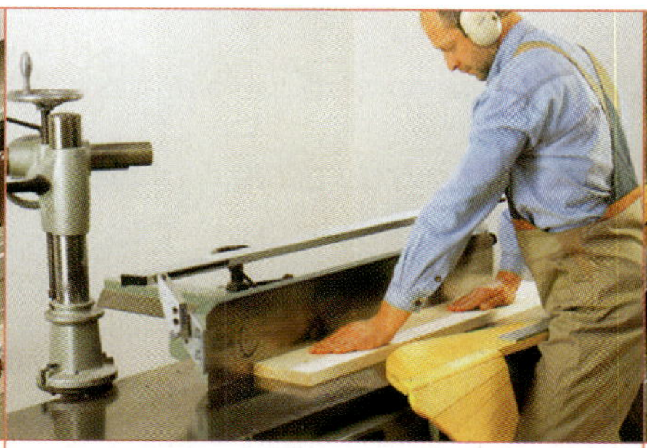

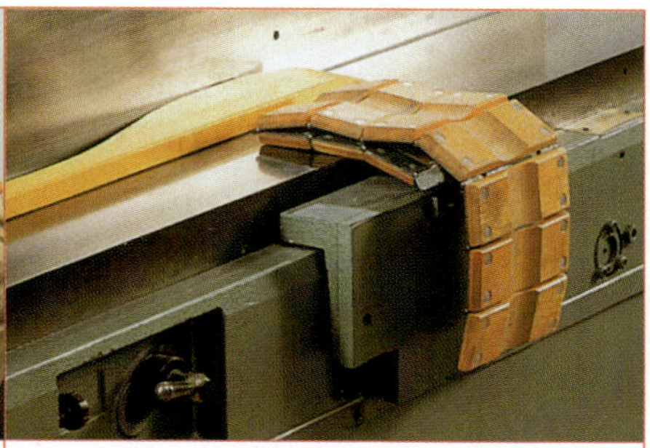

2 *Benennen Sie, wie ein nur 35 cm langes Holzstück* <u>*sicher*</u> *an der Hobelmaschine abgerichtet wird.*

3 *Ein an der Abrichte gehobeltes Brett weist am Brettende eine Vertiefung auf.*
Was könnte die Ursache für diesen Fehler sein?

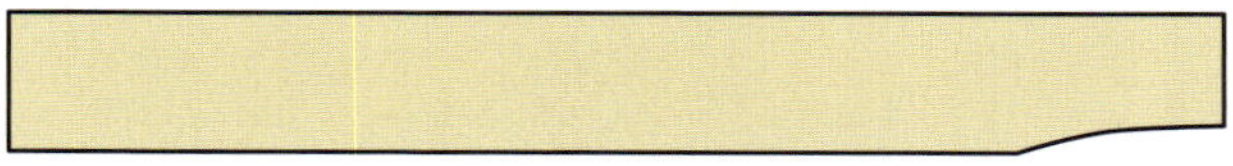

4 *Eine schmale Leiste (2 cm/3 cm) soll abgerichtet werden. Was ist aus Sicherheitsgründen unbedingt zu beachten?*

5 *Nennen Sie die wichtigste Sicherheitseinrichtung an der Dickenhobelmaschine.*

6 *An einer Dickenhobelmaschine ist vor einiger Zeit ein tödlicher Unfall passiert. Der Arbeiter hat durch ein Fehlverhalten die bei Frage 5 genannte Sicherheitseinrichtung außer Kraft gesetzt.*
Überlegen Sie: Wie ist dies möglich?

Name: **Klasse/Gruppe:** **Datum:**

1 *Zeichnen Sie auf ein Zeichenblatt DIN-A4 (Querformat) das aufrechte Schlitzteil einer Schlitz- und Zapfen-Verbindung mit Falz in drei Ansichten.*
Zeichnen Sie rechts neben das Schlitzteil das waagerechte Zapfenteil in drei Ansichten.

2 *Zeichnen Sie auf ein Zeichenblatt DIN-A4 (Querformat) das aufrechte Schlitzteil einer Schlitz- und Zapfen-Verbindung mit Nut in drei Ansichten.*
Zeichnen Sie rechts neben das Schlitzteil das waagerechte Zapfenteil ebenfalls in drei Ansichten.

Vorgaben:

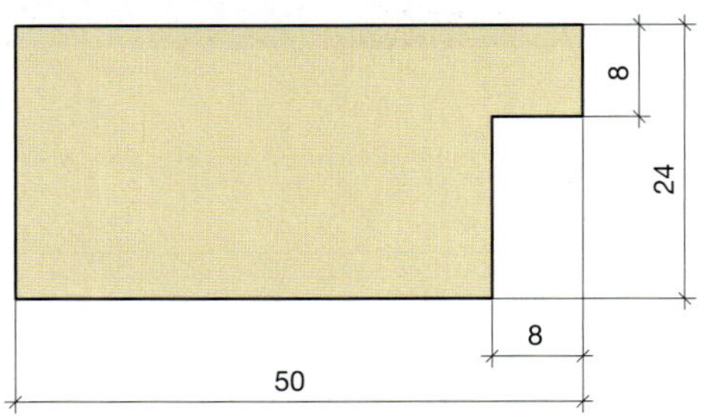

Rahmenquerschnitt 1

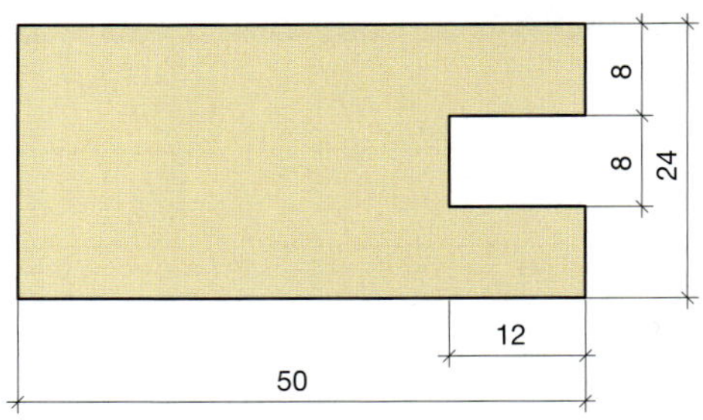

Rahmenquerschnitt 2

Die Länge der Rahmenteile soll ca. 8 cm betragen.

Blatteinteilung:

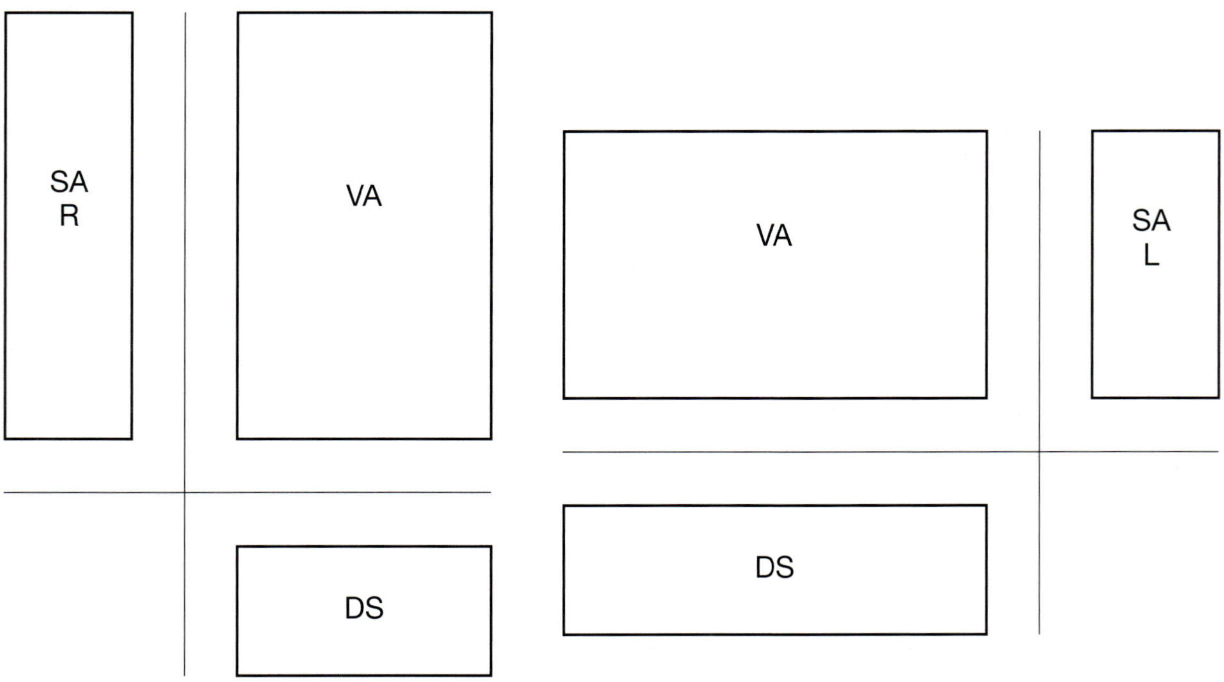

Schlitzteil **Zapfenteil**

Name: **Klasse/Gruppe:** **Datum:**

Name: **Klasse/Gruppe:** **Datum:**

Name: Klasse/Gruppe: Datum:

Zeichnen, beschriften und bemaßen Sie normgerecht die folgenden Schnitte durch Werkstoffe.

1 *Flachpressplatte mit besonders feinspaniger Oberfläche, 22 mm stark, beidseitig in Kirschbaum (0,55 mm) furniert, Furnierrichtung Längsholz.*

2 *Stäbchenplatte, 19 mm stark, Mittellage Hirnholz, beidseitig in Lärche (0,55 mm) furniert, mit 8 mm starkem Anleimer aus Lärchenholz, Anleimer nach dem Furnieren angebracht. Bitte auch den Furnierverlauf angeben.*

3 *Einseitig (oben) kunststoffbeschichtete dekorative Holzfaserplatte, 4 mm stark, Fertigplatte.*

4 *Birnbaum Vollholz (Längsholz), 24 mm stark.*

5 *Flachpressplatte, 25 mm stark, oben in Fichte, unten in Eiche furniert (0,55 mm), Furnierrichtung Querholz (Hirnholz), mit 10 mm starkem Anleimer aus Fichtenholz, Anleimer nach dem Furnieren angebracht.*

Name: **Klasse/Gruppe:** **Datum:**

6 *Strangpress-Röhrenplatte, 38 mm stark, beidseitig in Kiefer (0,9 mm) furniert, Furnierrichtung Längsholz, mit 12 mm starkem Anleimer, Anleimer überfurniert.*

7 *Stabplatte, 19 mm stark, beidseitig in Rotbuche (0,55 mm) furniert, Furnierkante aus Rotbuche nachträglich angebracht.*

8 *Beidseitig kunststoffbeschichtete dekorative Flachpressplatte, 16 mm stark, Fertigplatte, erhält nachträglich Furnierkante aus Fichtenholz.*

9 *Strangpress-Vollplatte, 19 mm stark, beidseitig in Erle (0,55 mm) furniert, vor dem Furnieren wird eine Furnierkante aus Erlenholz angebracht.*

10 *Ulme Vollholz (Hirnholz), 22 mm stark.*

Name: **Klasse/Gruppe:** **Datum:**

Zeichnen, beschriften und bemaßen Sie normgerecht die Schnitte durch folgende Verbindungen.

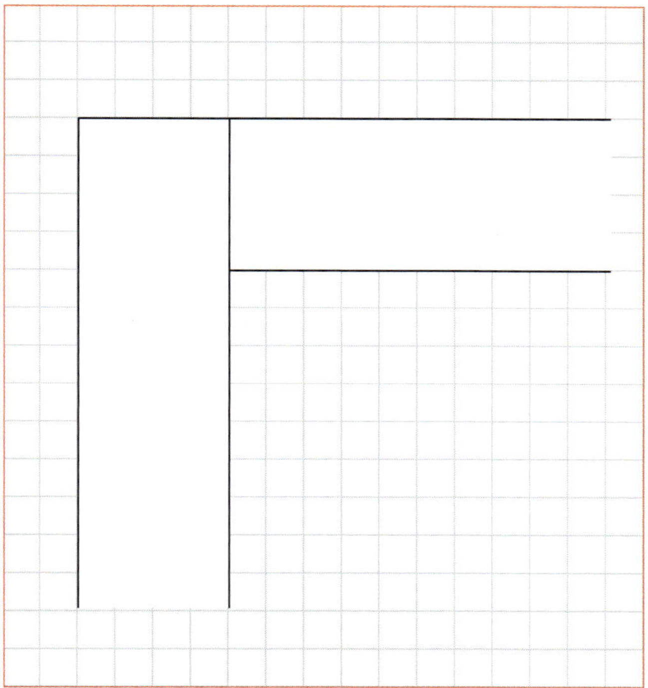

Flachpressplatte 19 mm, in Ahorn furniert, stumpf mit Dübel 8 x 40 verleimt

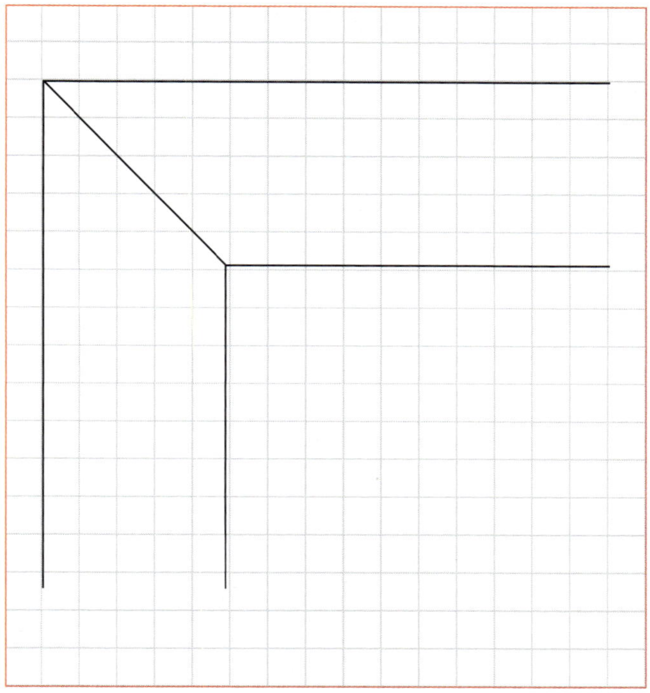

Kirschbaum Vollholz, 24 mm, auf Gehrung mit Lamellen-Formfeder Nr. 20 verleimt

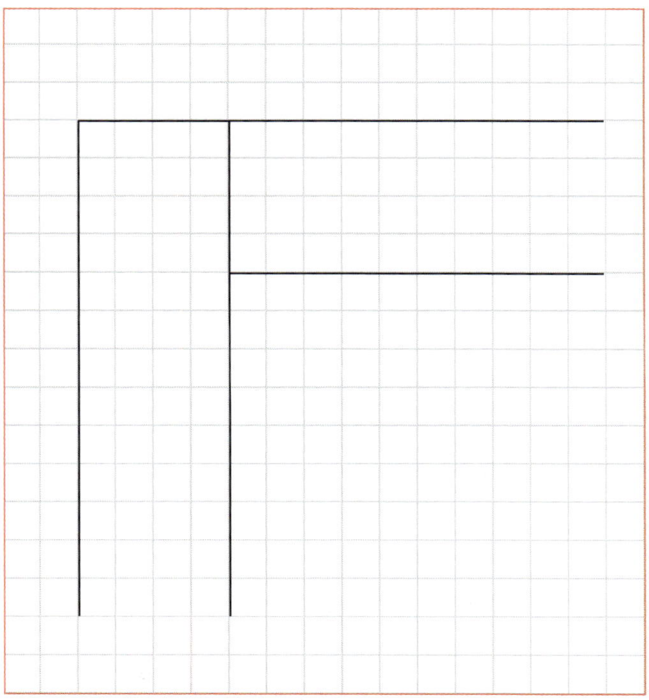

Stäbchenplatte 19 mm, Mittellage Längsholz, in Lärche furniert, stumpf mit Fremdfeder aus Furniersperrholz (5 x 30 mm) verleimt

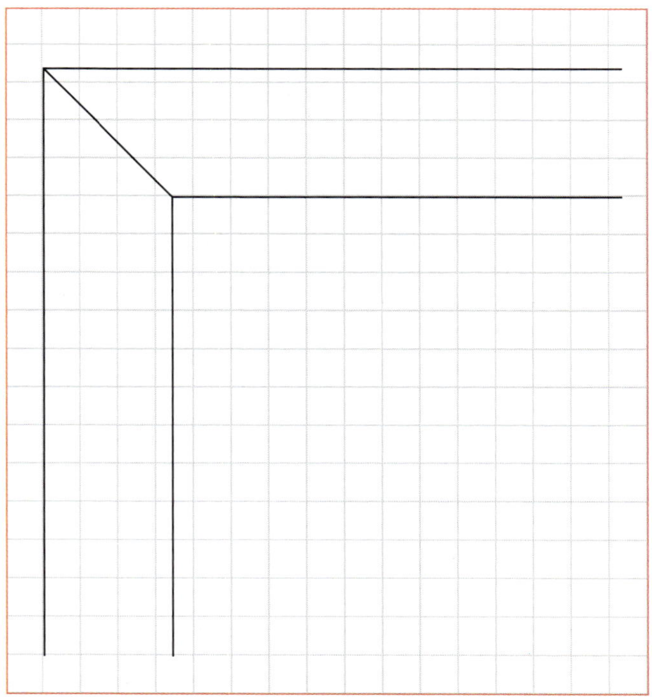

Flachpressplatte 16 mm, in Birnbaum furniert, auf Gehrung mit Dübel 6 x 20 verleimt

Name: **Klasse/Gruppe:** **Datum:**

1 *Kunststoffe werden von Holzfachleuten unterschiedlich eingeschätzt. Hier drei Sichtweisen: „Kunststoffe verdrängen Holz", „Kunststoffe verbessern die Anwendungsmöglichkeiten für Holz", „Kunststoffe ermöglichen in einigen speziellen Fällen erst den Einsatz des Werkstoffes Holz".*

Zu jeder Aussage gibt es Beispiele. Schreiben Sie einige auf.

2 *Für eine kleine Vitrine im Kindergarten wird als Tür eine unzerbrechliche, gebogene Kunststoffscheibe gewünscht. Zu welcher Kunststoffgruppe muss der Werkstoff gehören, damit die Scheibe aus Plattenmaterial gebogen werden kann?*
Wie ist die Umformbarkeit aus dem inneren Aufbau des Kunststoffs zu erklären?

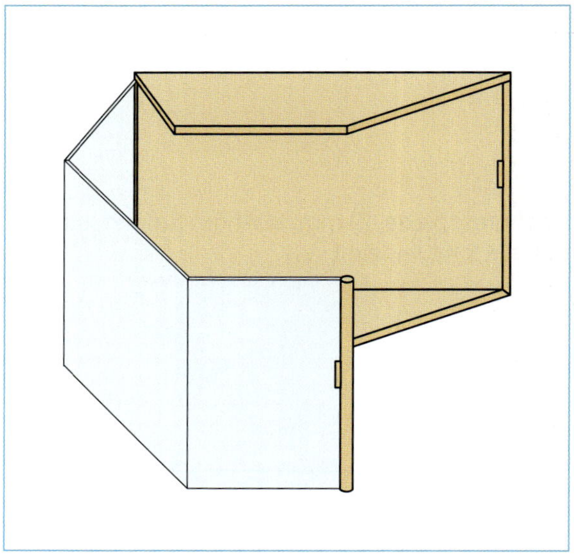

3 *Mit Melaminharz beschichtete Spanplatten werden besonders für Küchenmöbel eingesetzt, weil sie eine kratzfeste Oberfläche besitzen und auch bei starker Erwärmung nicht weich werden und schmelzen.*
Zu welcher Kunststoffgruppe gehören die Melaminharze und wie ist ihr Verhalten bei Erwärmen aus dem inneren Aufbau zu erklären?

Name: **Klasse/Gruppe:** **Datum:**

4 *HPL-Platten bestehen aus zwei verschiedenen Kunststoffen und Papierbahnen. Beschreiben Sie den Aufbau dieses Produkts genauer.*

5 *In der Schulwerkstatt wurde im Rahmen der Berufsvorbereitung ein Kanu aus Rotzeder und Mahagoni gebaut. Zum Schutz soll der Bootskörper komplett mit einem dünnen Glasgewebe und Kunstharz überzogen werden. Machen Sie einen Vorschlag für den zu verwendenden Kunststoff.*

6 *Die folgende Abbildung zeigt zwei Handbandschleifmaschinen. Ein Modell hat ein Aluminiumgehäuse, das andere ein Gehäuse aus Kunststoff.*

Maschine mit Aluminiumgehäuse **Maschine mit Kunststoffgehäuse**

a) *Vergleichen Sie beide Gehäuse hinsichtlich Gewicht, elektrischer Isolierfähigkeit und mechanischer Festigkeit.*

	Aluminiumgehäuse	**Kunststoffgehäuse**
Gewicht		
Isolierfähigkeit		
Festigkeit		

b) *Welche Maschine würden Sie bei häufigem Arbeiten im Freien – auch im Winter – vorziehen? Geben Sie eine kurze Begründung.*

c) *Worin unterscheiden sich die beiden Werkstoffe in ihrem inneren Aufbau?*

Name: **Klasse/Gruppe:** **Datum:**

1 *In einer alten Fachzeitschrift stand ein Artikel, in dem das Kleben erläutert wurde. Es war gerade der Teil einer Skizze abgerissen, auf dem die Erklärungen zu den mit Hinweislinien gekennzeichneten Bildteilen standen. Beschriften Sie die ergänzten Hinweislinien.*

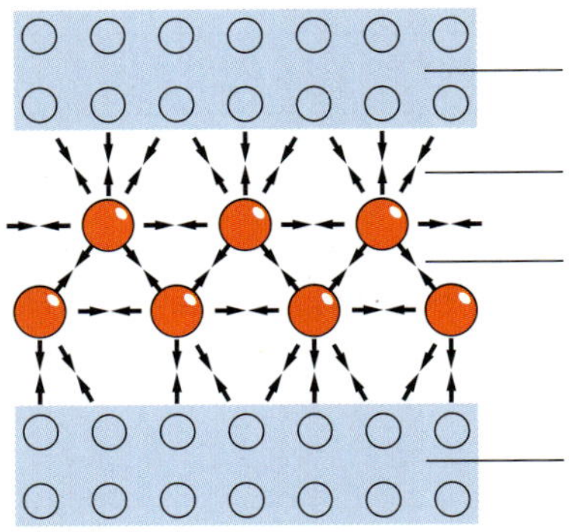

Kräfte in Klebeverbindung

2 *In einer Produktinformation ist zu lesen*

„… 1 kg Caseinleim in 2 l Wasser anrühren, ca. 30 Minuten stehen lassen, danach wieder gut durchrühren …; … bei beidseitigem Auftrag sollte spätestens etwa 40 Minuten nach dem Auftragen des Leimes das Verpressen erfolgen. Bei einseitigem Leimauftrag verkürzt sich diese Zeit um die Hälfte. … Bei Verleimungen, die nicht unter Spannung stehen, genügen 2 Stunden zum Pressen, bei Formverleimungen sollte mindestens 4 Stunden lang gepresst werden. Innerhalb von 8 Stunden nach dem Ansetzen ist der Leim zu verarbeiten.“

Geben Sie mit Fachbegriffen die im Text genannten Zeiten in Stunden an.

____

____

____

3 Ordnen Sie den hier dargestellten Produkten die notwendigen Beanspruchungsgruppen für Holzklebstoffe zu.

Fensterrahmen

Formverleimte Binder

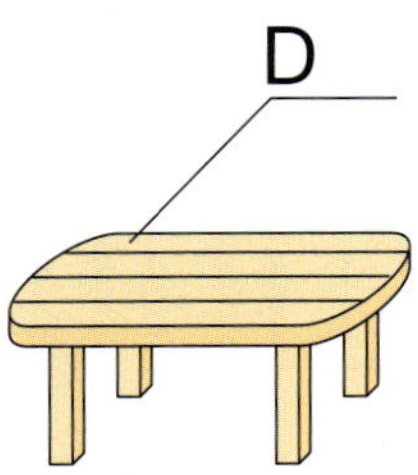

Tischplatte Eiche

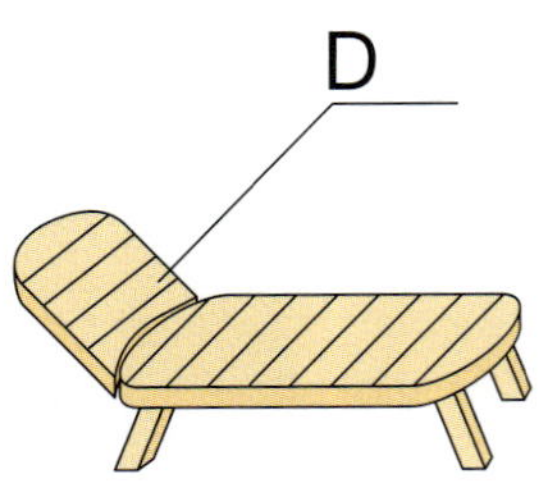

Gartenliege witterungsbeständig verleimt

Name: **Klasse/Gruppe:** **Datum:**

4 *Familie Weganer legt großen Wert auf den ausschließlichen Einsatz von Naturstoffen in ihrem neuen Haus. Nun liest der Hausherr auf dem Gebinde des Caseinleimes, den der Parkettleger verarbeitet.*

„… nicht zu empfehlen für Furnier, … alkalisch, … pH 13, … bei der Verarbeitung Haut und Augen schützen, Staub nicht einatmen, … Vorsicht ätzend."

Herr Weganer will das „Teufelszeug aus der Chemie", wie er sagt, auf keinen Fall im Haus haben und zu seinem Hausmüll sollen auf keinen Fall bisher angefallene Reste.
Erklären Sie Herrn Weganer den Aufbau und die Ursache der Eigenschaften des Leimes und das scheinbare Problem mit der Abfallbeseitigung.

5 *Ein „Fachmann" versucht im Winter (es liegt Schnee), eine Ecke an einem hölzernen Garagentor zu reparieren. Er benutzt „Weißleim". Erklären Sie, warum dieser „Experte" keine Ahnung von Leimen hat.*

6 *Hier wurde mit PVAC-Leim furniert. Der Leim ist durchgeschlagen. Welchen Rat können Sie dem Schreiner geben, dem dieses Missgeschick passiert ist, damit er den Schaden beheben kann.*
Worauf sollte er demnächst achten?

Name: **Klasse/Gruppe:** **Datum:**

7 *Furnier hat sich etwas gelöst. Ein Kollege meint, wenn das Furnier mit PVAC-Leim geleimt sei, „könnte man mit dem Bügeleisen etwas machen".*
Äußern Sie sich zu dem Vorschlag.

8 *Bei Familie Neu wurde eine Klarglastüre eingesetzt. Es haben sich etliche Leute an der Tür gestoßen. Nun möchte Herr Neu mittig auf beiden Flächen jeweils eine 10 mm starke und 120 mm breite Platte aus Kirsche aufgeklebt haben, damit die Tür auffällt.*
Schlagen Sie einen geeigneten Kleber vor und berichten Sie über die Vorbereitung und Durchführung der Verklebung.

9 *Ein Kollege schwärmt von einem Kleber, den er bei der Reparatur von Treppenstufen gesehen hat:*
„Den trägt man auf – und wenn die Fuge nicht ganz gefüllt ist, schäumt der Leim auf und füllt die Fuge. Da braucht man nicht mehr sauber zu arbeiten – passt immer."
Zu welcher Klebergruppe gehört dieser Kleber? Macht er nun jedes Bearbeiten von Leimflächen überflüssig? Begründen Sie Ihre Antwort.

Name: **Klasse/Gruppe:** **Datum:**

1 *Ein sorgfältiger Holzschliff ist die Voraussetzung für eine einwandfreie Oberfläche. Nennen Sie einige Punkte, die beim Schleifen zu beachten sind:*

2 *Welche klimatischen Voraussetzungen sollten gegeben sein, wenn eine Holzoberfläche lackiert wird?*

3 *Öle und Wachse sind alternative Oberflächenbehandlungsmittel. Warum sind viele dieser Produkte unbedenklich für Mensch und Natur?*

4 *Stellen Sie die Eigenschaften von Wachs und Öl als Oberflächenbehandlungsmittel durch Ankreuzen gegenüber.*

	Pflanzlichen Ursprungs	Tierischen Ursprungs	Verbessern Abriebfestigkeit	Sorgsam lagern da brennbar	Wasserbeständig
Wachs					
Öl					

5 *Wie ist ein Lappen aufzubewahren, mit dem gerade geölt wurde? Begründung.*

6

Treppenstufen aus Buchenholz sind zu lackieren.

Korpusteile und Fächer für mehrere Schlafzimmerschränke sind schnell und kostengünstig zu lackieren.

Zur Auswahl stehen: a) Polyurethan-Lack (DD-Lack) b) Nitrozellulose-Lack (NC-Lack)
Welchen Lack verwenden Sie für die beiden Arbeitsaufträge? Begründen Sie Ihre Wahl.

Name: **Klasse/Gruppe:** **Datum:**

1 *Zwei Auszubildende unterhalten sich über einen Beschlag. Der eine sagt, der sei aus Eisen. Der andere verbessert und meint: „Der Beschlag ist aus Stahl.“ Sein Kollege argumentiert: „Das ist Eisen. Denk doch einmal an Stahlnägel. Die sind hart – und der Beschlag ist doch nicht gehärtet.“*

Wer hat Recht? Begründen Sie Ihre Antwort.

2 *Sie wollen aus einem Stück „Silberstahl“ (Werkstattbezeichnung für einen blank gezogenen Stahl mit 1,15 % Cr und etwas V) eine Reißnadel anfertigen. Beschreiben Sie die Arbeitsgänge.*

3 *Beim Schleifen ist das Stecheisen blau angelaufen. Welcher Wärmebehandlung entspricht die Auswirkung dieser fehlerhaften Arbeitsweise und welche Folge hat sie für den Werkstoff?*

4 *Beim Schleifen ist ein Wendelbohrer, der in der Werkstatt für das Bohren von Metallteilen verwendet wurde, an der Schneide glühend rot geworden. Ein Kollege meint, der sollte neu angeschliffen werden, dann sei alles wieder gut. Ein anderer rät zu härterem Vorgehen: Bohrer in den Schraubstock einspannen, die Spitze abschlagen und dann neu anschleifen.*

Äußern Sie sich zu den Vorschlägen.

5 *Meister Fix baut in seiner Tischlerei nicht nur Möbel u. a., sondern fertigt auch Architekturmodelle aus Holz an. Für diese Arbeiten sucht er eine kleine Abrichte. Auf der Handwerksmesse besichtigt er Maschinen. Bei einer Abrichtmaschine mit einem Ständer aus einer Schweißkonstruktion sagt er: „Die auf keinen Fall – das ist eher etwas für Bastler.“*

Was stört den Fachmann an dieser Maschine, was wünscht er sich? Begründen Sie Ihre Antwort.

Name: **Klasse/Gruppe:** **Datum:**

1 a) *Nennen Sie Eigenschaften von Hartmetallen.*

b) *Wo werden Hartmetalle in einer Tischlerei eingesetzt?*

c) *Welche der unter a) genannten Eigenschaften ist dafür verantwortlich, dass Hartmetalle meist nur kleine, aufgelötete Zusatzteile an Werkzeugen sind?*

2 *Woraus bestehen die folgenden Nichteisenmetall-Legierungen?*

Messing:

Bronze:

Neusilber:

3 *Warum sollten Kratzer an einem hochglanz polierten Messingbeschlag nicht herausgeschliffen werden?*

4 *Beim Montieren eines Außenbeschlags aus Aluminiumguss war eine der dafür vorgesehenen Aluminiumschraube abgebrochen. Als Ersatz dafür hat der Tischler eine Messingschraube eingedreht.*
Nach einiger Zeit zeigten sich um die Messingschraube herum „Anfressungen“ – um die billigen Aluminiumschrauben herum jedoch nicht.

Welche Erklärung gibt es hierfür?

5 *Nennen Sie drei unterschiedliche Möglichkeiten, wie Korrosion an Metallen verhindert werden kann.*

–

-

-

Name: **Klasse/Gruppe:** **Datum:**

1 *Alte Fensterscheiben spiegeln die Umgebung wie eine wellige Wasseroberfläche. Neue Scheiben, die nach dem Floatglasverfahren hergestellt wurden, liefern unverzerrte Spiegelungen. Wodurch wird in diesem Herstellungsverfahren die gute und sehr ebene Oberfläche erzeugt?*

2 *Bei einem Beratungsgespräch sagt der Glaser dem Bauherrn: „Wenn ich mir die alten Fensterrahmen ansehe, mag eine Neuverglasung mit Isolierglas noch eben möglich sein. Aber eine schalldämmende Isolierverglasung halte ich für nicht möglich. Die Rahmen halten das Gewicht nicht aus. Da sollten sie erst einmal mit Ihrem Schreiner sprechen."*

Warum ist eine schalldämmende Verglasung schwerer?

3 *Bei Familie Neu wurde statt Teppichboden ein Fertigparkett verlegt. Nun passt die Glastür aus Einscheiben-Sicherheitsglas in der Höhe nicht mehr. Herr Neu meint: „Schneiden Sie doch unten einen Zentimeter von der Tür ab, dann passt es doch."*

Was würden Sie Herrn Neu zu diesem Vorschlag sagen?

4 *Familie Müller möchte „echte Butzenscheiben" in ihrer vom Schreiner gefertigten Wohnwand. Beim Sichten verschiedenster Scheibenmuster im Katalog meint Frau Müller: „Die Scheiben mit dem Buckel in der Mitte finde ich nicht so schön."*

Erklären Sie den „Buckel" auf den Scheiben.

Name: **Klasse/Gruppe:** **Datum:**

5 *In eine Vitrine, die für einen Ladenausbau vorgesehen ist, soll ein Zwischenboden aus Glas eingelegt werden. Der Glaser liefert ihn fertig bearbeitet an. Aus bautechnischen Gründen muss die Vitrine aber 2* cm *schmaler werden und entsprechend die Scheibe gekürzt und an der Kante geschliffen werden.*

Beschreiben Sie den Arbeitsablauf.

6 *Der neue Lehrling ist sehr eifrig. Als Fensterscheiben angeliefert werden, fasst er sofort mit spitzen Fingern zu und will eine Scheibe forttragen. Sie rufen: „Halt, so nicht!“*

Weisen Sie den Neuling in den Glastransport ein.

Name: **Klasse/Gruppe:** **Datum:**

1 a) *Welchen elektrischen Widerstand hat eine Heizschiene, die mit 230-V-Spannung und einer Stromstärke von 9 A betrieben wird?*

b) *Wie groß ist die Leistung der Heizschiene?*

2 *Das Typenschild eines Drehstrommotors enthält folgende Angaben:*
220/380 V 6,5 A 3,0 kW $\cos \varphi = 0{,}80$

Berechnen Sie a) die aufgenommene Leistung in kW
b) den Wirkungsgrad n

3 *Eine Heizschiene mit einer Leistungsaufnahme von 1980 W ist von 8.20 Uhr bis 12.10 Uhr eingeschaltet. Wie groß ist ihr Stromverbrauch?*

Name: **Klasse/Gruppe:** **Datum:**

Im Bild dargestellt ist ein gedübeltes Hockergestell als Teilschnittzeichnung.

Zeichnen Sie dasselbe Hockergestell noch einmal als Teilschnittzeichnung, wobei diesmal die Zarge als gestemmte Zapfenverbindung mit Nutzapfen ausgeführt wird und der Steg mittels eines abgesetzten Zapfens mit dem Fuß verbunden wird.

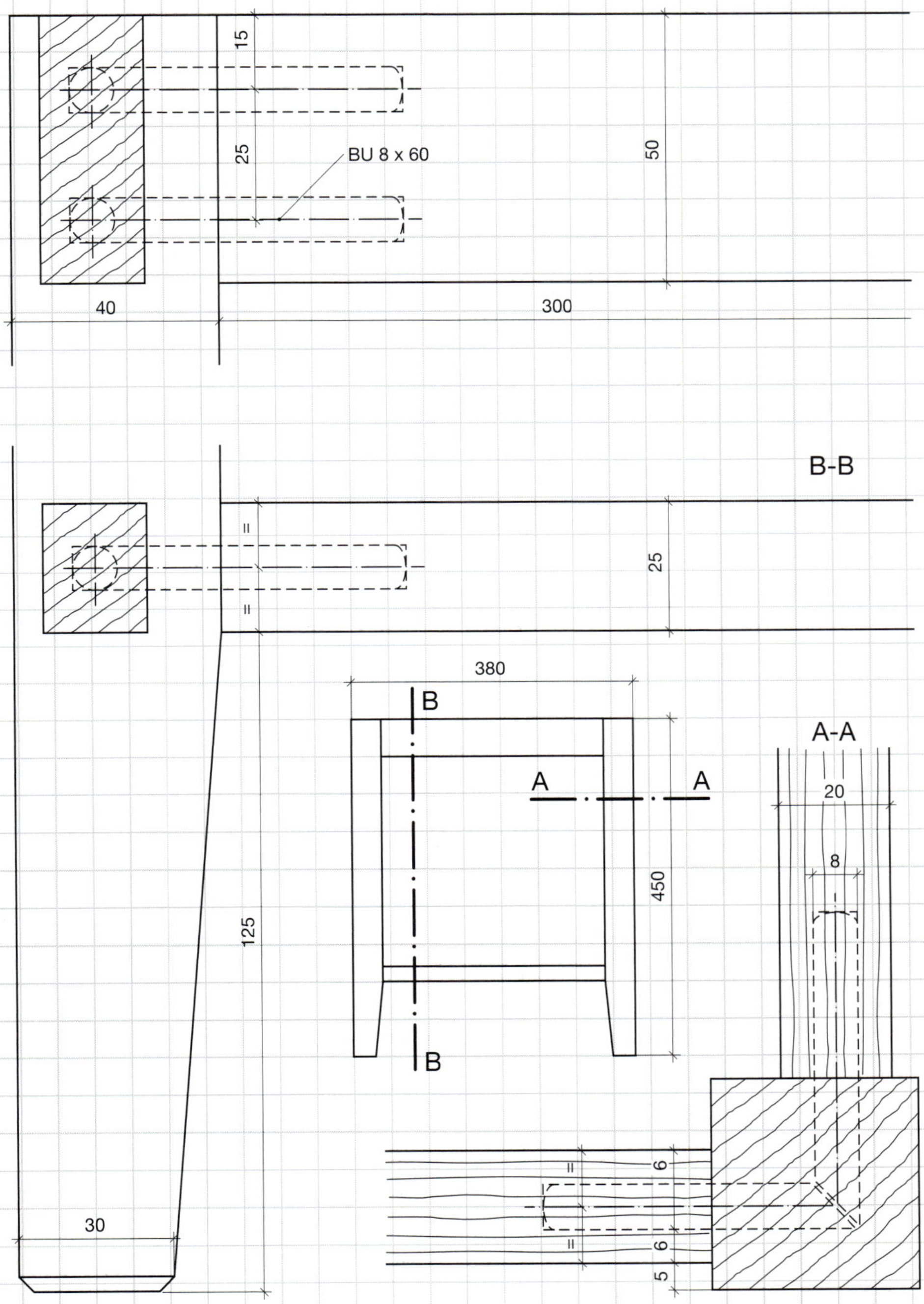

Name: Klasse/Gruppe: Datum:

Name: **Klasse/Gruppe:** **Datum:**

Fertigen Sie einen Arbeitsablaufplan und eine Materialliste für den dargestellten Spiegelrahmen aus Kiefern-Vollholz (500 mm / 350 mm Außenmaße) an.

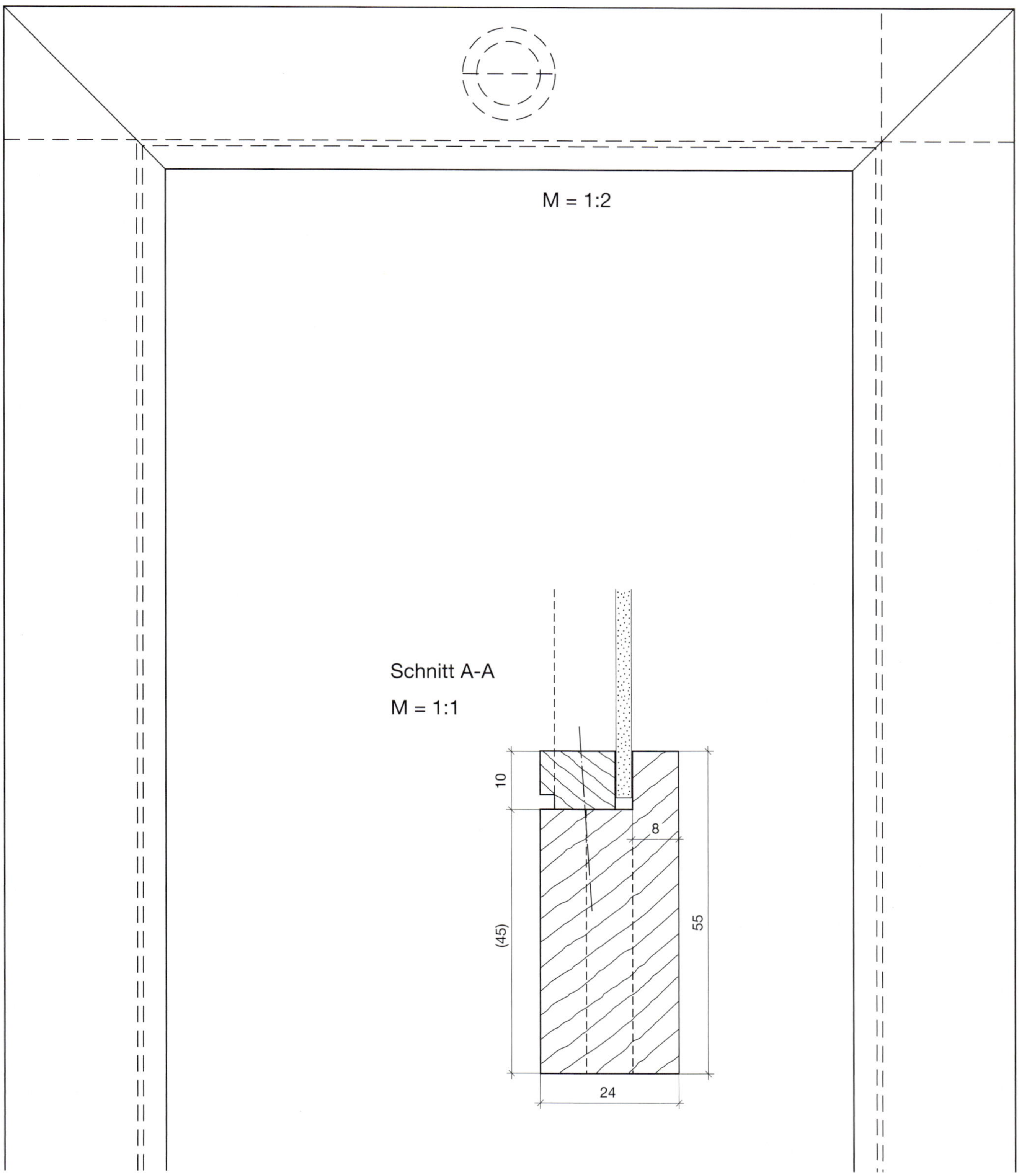

Name: **Klasse/Gruppe:** **Datum:**

Arbeitsablaufplan			
lfd. Nr.	Arbeitsschritt	lfd. Nr.	Arbeitsschritt
1		12	
2		13	
3		14	
4		15	
5		16	
6		17	
7		18	
8		19	
9		20	
10		21	
11			

Materialliste										
lfd. Nr.	Material		Stück	Fertigmaß			Zuschnittmaß			Bemerkung
	Bezeichnung	Kurzz.		Länge	Breite	Dicke	Länge	Breite	Dicke	
1										
2										
3										
4										
5										
6										
7										
8										
9										
10										
11										

Name: ______ **Klasse/Gruppe:** ______ **Datum:** ______

1 *Im Bild rechts ist ein überfälzter Türanschlag dargestellt. Ergänzen Sie die Zeichnungen für die anderen vier Anschlagsmöglichkeiten und geben Sie jeweils das passende Zylinderband dafür an.*

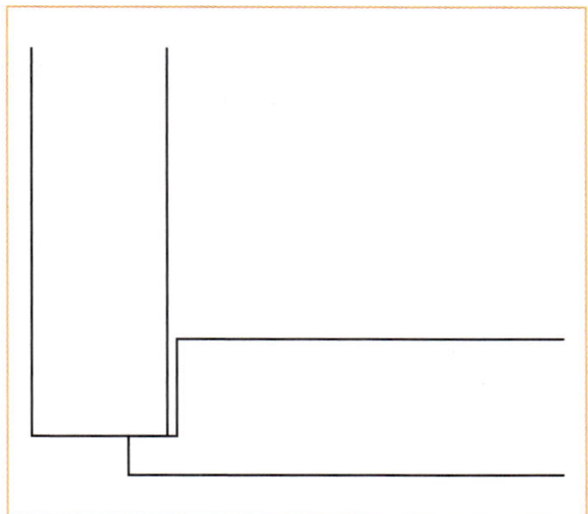

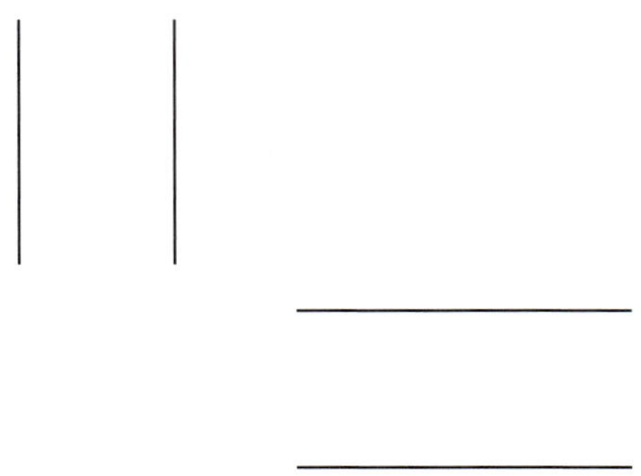

______

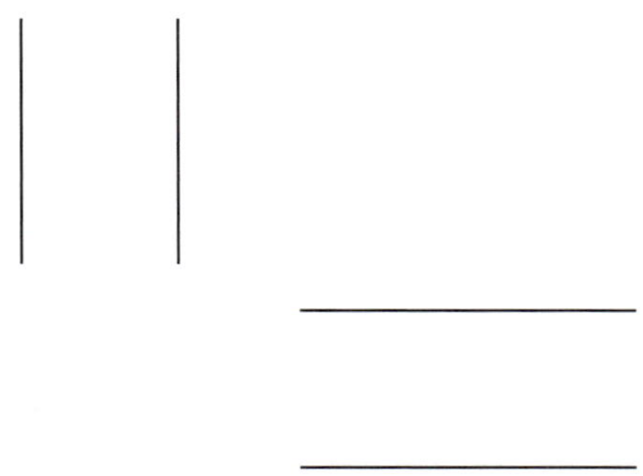

______

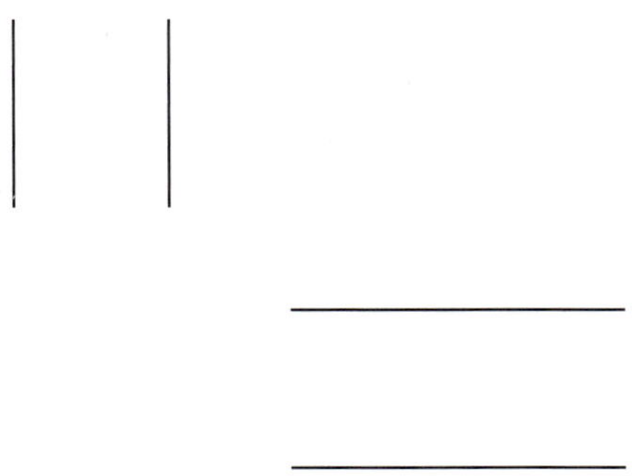

______

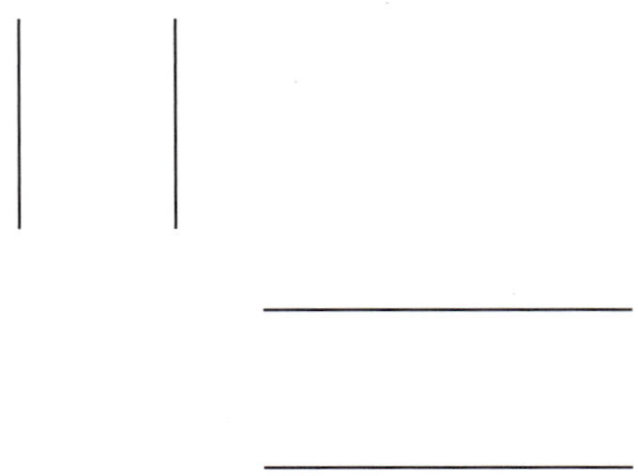

______

2 *Beschreiben Sie exakt die Vorgehensweise beim Einlassen eines Zylinderbandes. Verwenden Sie bei Ihrer Beschreibung die Wörter: Lochteil, Zapfenteil, Tür, Korpus.*

______

______

______

______

______

______

Name: **Klasse/Gruppe:** **Datum:**

Skizzieren Sie auf dieses Blatt den Horizontalschnitt durch einen einschlagenden, zurückstehenden Türanschlag. Es ist nur die linke vordere Ecke des Möbels mit dem richtigen Zylinderband zu zeichnen.
Maßangaben, Schraffur etc. nach DIN 919.

Angaben:
Seite und Türe aus Flachpressplatte 19 mm, *in Esche furniert, Anleimer aus Esche, 5* mm *dick, Anleimer sind überfurniert.*
Die Türe steht um den Durchmesser des Zylinderbandes zurück (8 mm*). Weitere Bandmaße sind dem Fachbuch zu entnehmen.*

Der Skizziermaßstab beträgt M = 2 : 1.

Teilschnittzeichnungen

Blatt-Nr.
1

Name: **Klasse/Gruppe:** **Datum:**

Zeichnen und bemaßen Sie normgerecht ein Regal aus Vollholz (Fichte), das folgende Abmessungen hat:
Es hat eine Breite von 300 mm*, eine Tiefe von 96* mm *und eine Höhe von 420* mm*. Das Regal besteht aus 20* mm *dicken Fichtebrettern und hat drei Böden (oberer, mittlerer, unterer).*

Verbindungen:

- *Oberer Boden mit Seite: Schwalbenschwanzzinken, vorne und hinten auf Gehrung abgesetzt, lichter Abstand zum mittleren Boden 180* mm
- *Mittlerer Boden mit Seite: 2 Fingerzapfen, lichter Abstand zum unteren Boden 70* mm
- *Unterer Boden mit Seite: Holzdübel mit 8* mm *Durchmesser und einer Länge von 35* mm

Blatteinteilung:
A3, Hochformat: Vorschlag siehe unten!

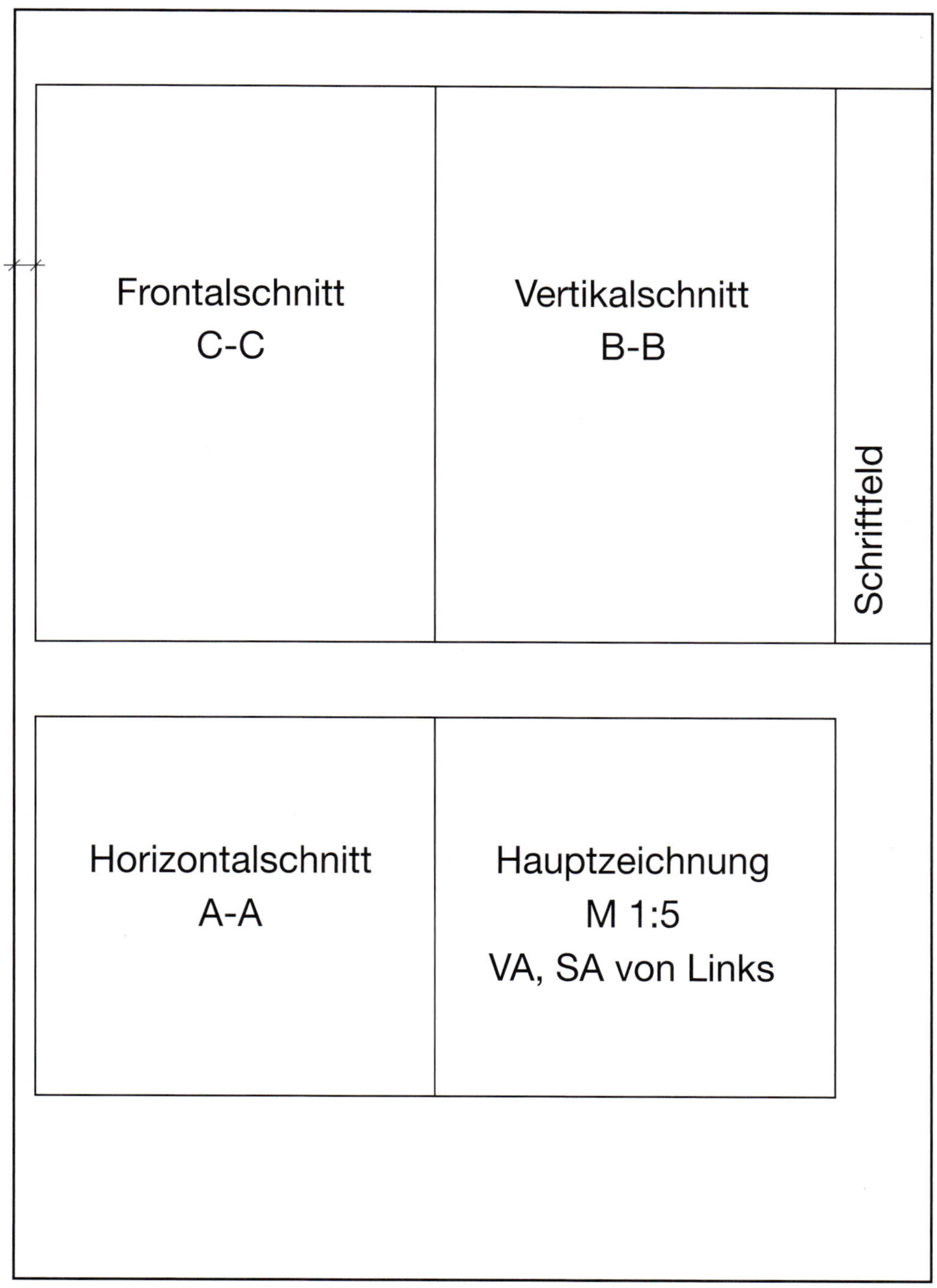

Name: **Klasse/Gruppe:** **Datum:**

Nr.	Klasse
	Gezeichnet
	Datum
	Gerüft
	Maßstab

Name: **Klasse/Gruppe:** **Datum:**

Zeichnen und bemaßen Sie normgerecht ein Regal aus Holzwerkstoffen, das folgende Abmessungen hat:
Es hat eine Breite von 300 mm, eine Tiefe von 96 mm und eine Höhe von 420 mm.

Materialien:
Seiten, oberer Boden, unterer Boden aus FPY (19)-Platten
Mittlerer Boden aus Stäbchensperrholz 19 mm
Alle Platten werden mit Ahorn furniert, alle Anleimer werden überfurniert und sind 5 mm dick.

Verbindungen:
- *Oberer Boden mit Seite: FU-Feder 5 x 16 mm, lichter Abstand zum mittleren Boden 180 mm*
- *Mittlerer Boden mit Seite: Dübel mit 8 mm Durchmesser, 35 mm Länge, lichter Abstand zum unteren Boden 70 mm*
- *Unterer Boden mit Seite: Lamelloformfeder Nr. 20*

Blatteinteilung:
A3, Hochformat; Vorschlag siehe unten!

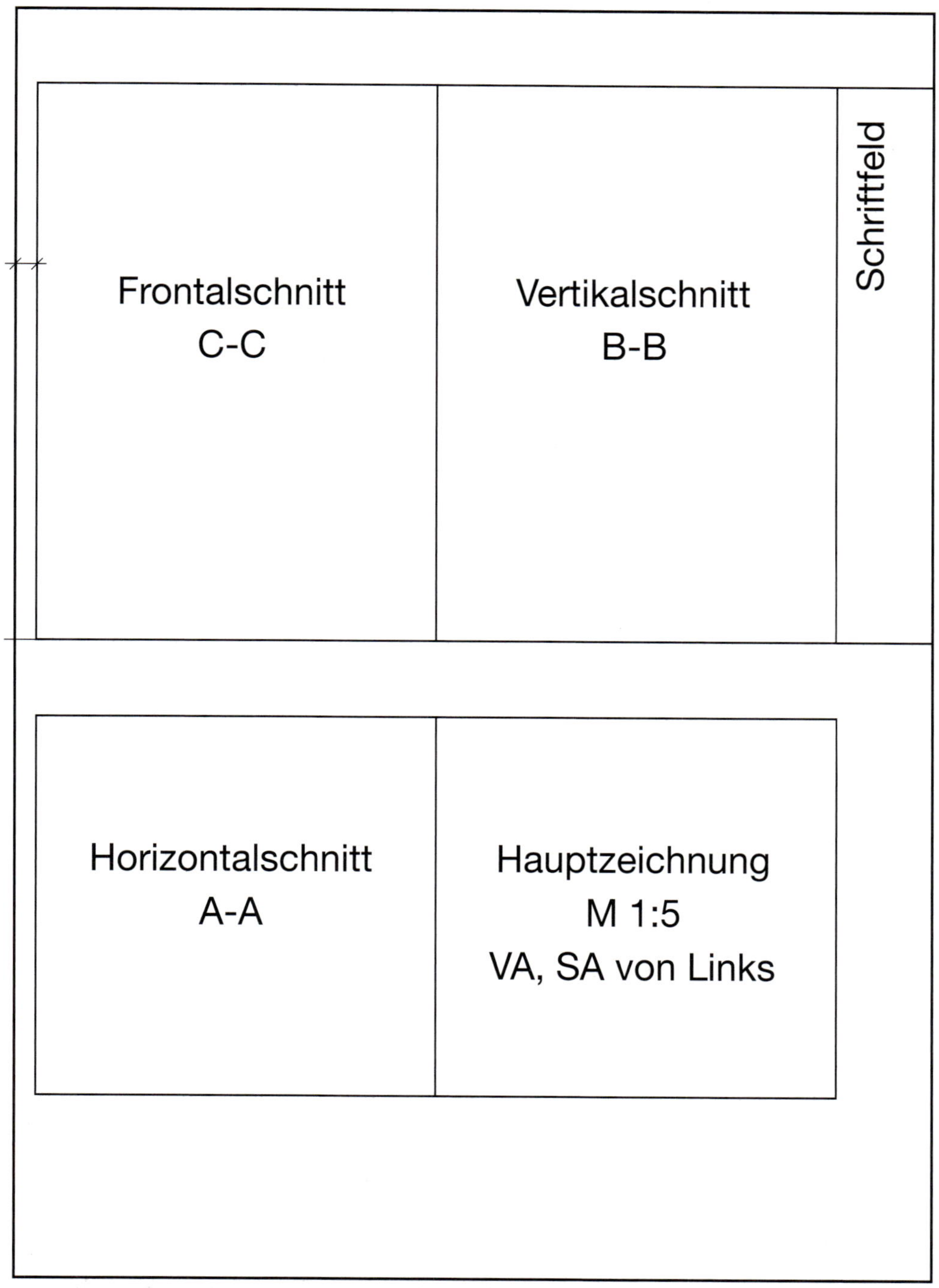

Name: **Klasse/Gruppe:** **Datum:**

Nr.	*Klasse*
	Gezeichnet
	Datum
	Gerüft
	Maßstab

Name: **Klasse/Gruppe:** **Datum:**

Programmierübung zur Kreisinterpolation G2 und G3 mit Unterprogrammtechnik

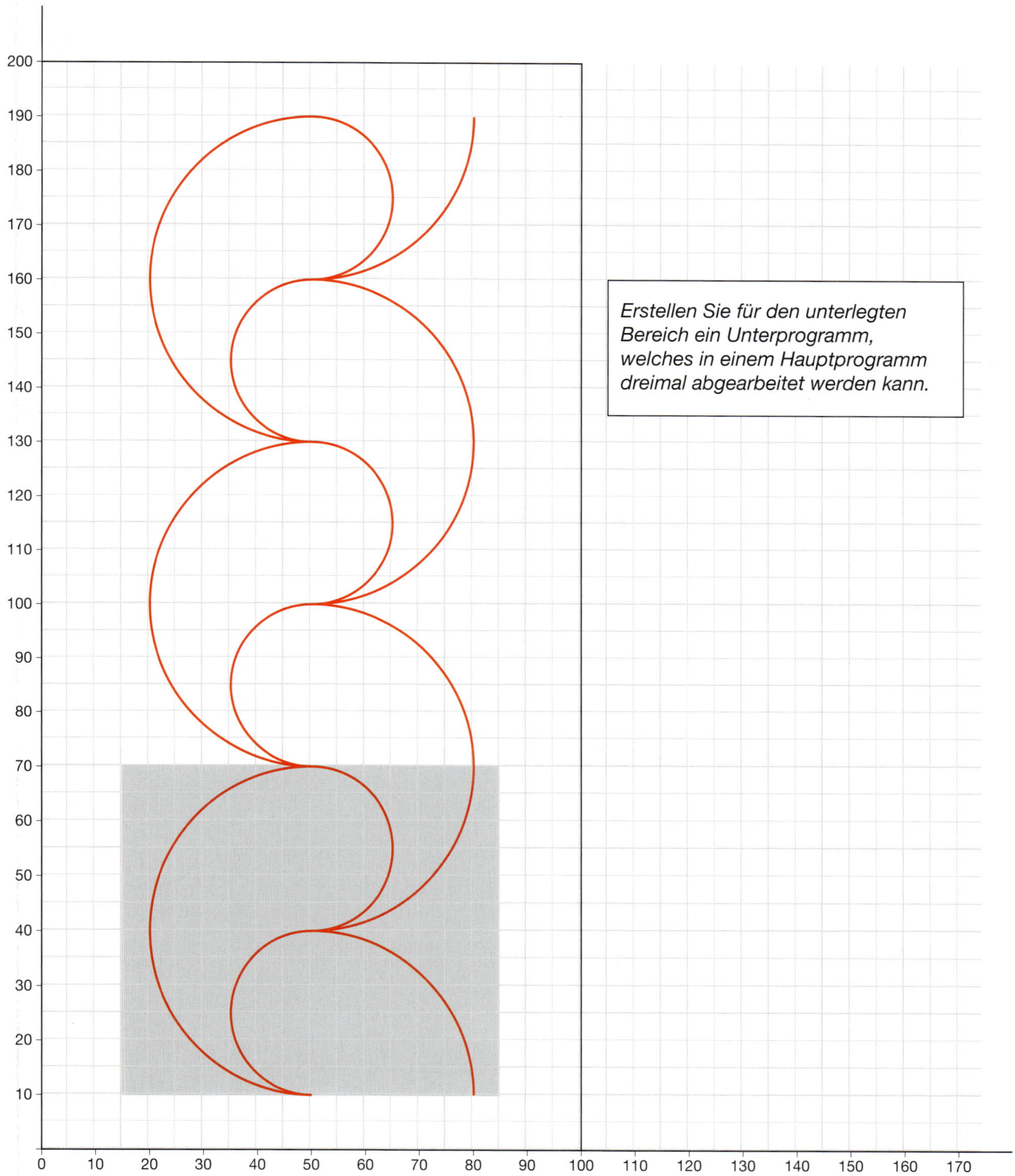

Erstellen Sie für den unterlegten Bereich ein Unterprogramm, welches in einem Hauptprogramm dreimal abgearbeitet werden kann.

Name: Klasse/Gruppe: Datum:

Name: **Klasse/Gruppe:** **Datum:**

Erstellen Sie ein CNC-Programm zur Abarbeitung der nachfolgenden Konturen.

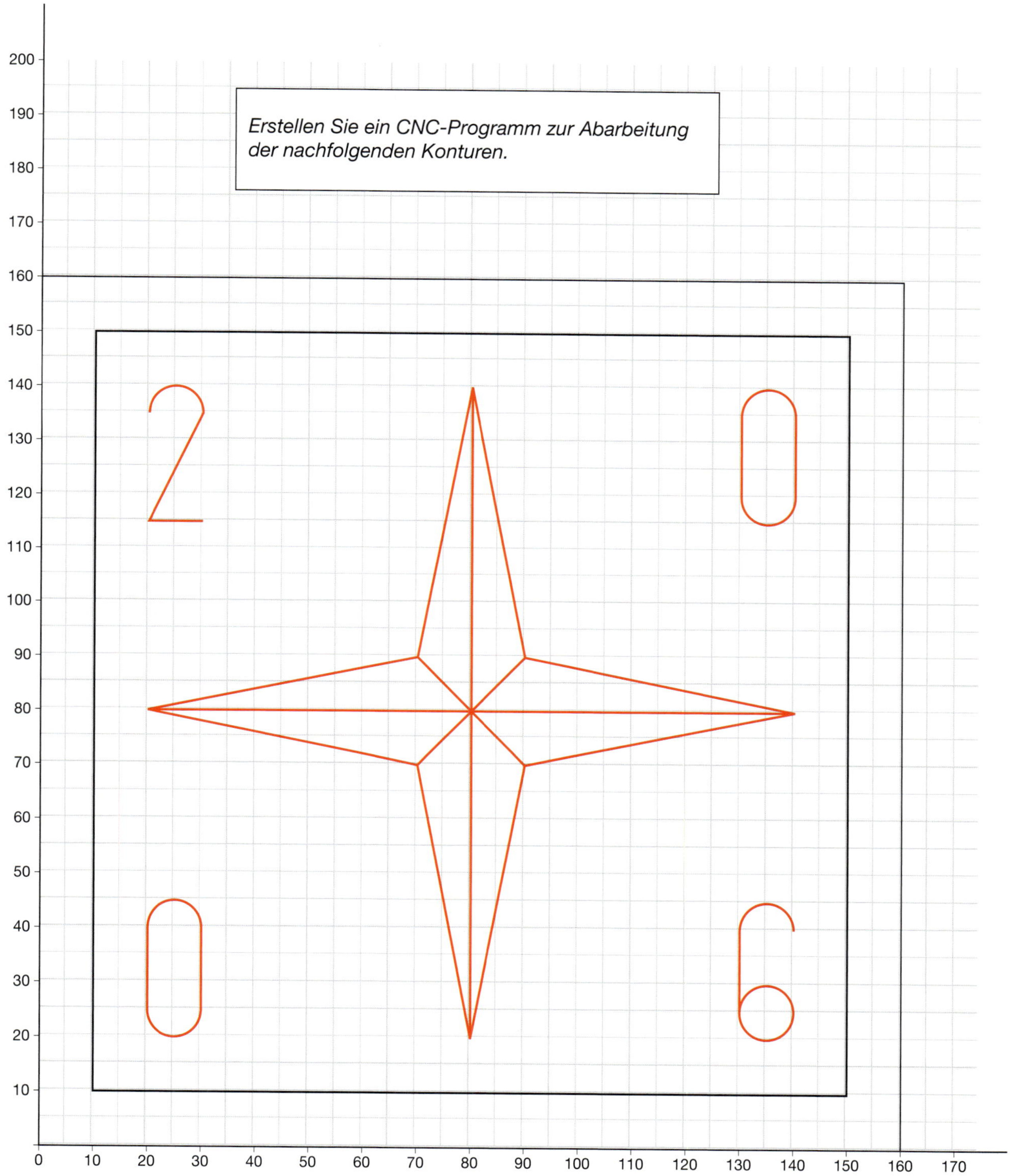

Name: Klasse/Gruppe: Datum:

Name: **Klasse/Gruppe:** **Datum:**

Ein Kunde erteilt einen Auftrag zur Lieferung von Nummerntafeln 1-0.
Erstellen Sie ein CNC-Programm zur Herstellung der 4.
Für die Konturfräsung ist ein V-Nut-Fräser zu verwenden, der auf Platz 3 abgelegt ist.
Die Drehzahl S beträgt 10000, der Vorschub F 1800 und die Frästiefe soll 3 mm sein.
Beachten Sie bei der Programmerstellung die Eigenschaften und die Steuerung der vorhandenen Maschine.

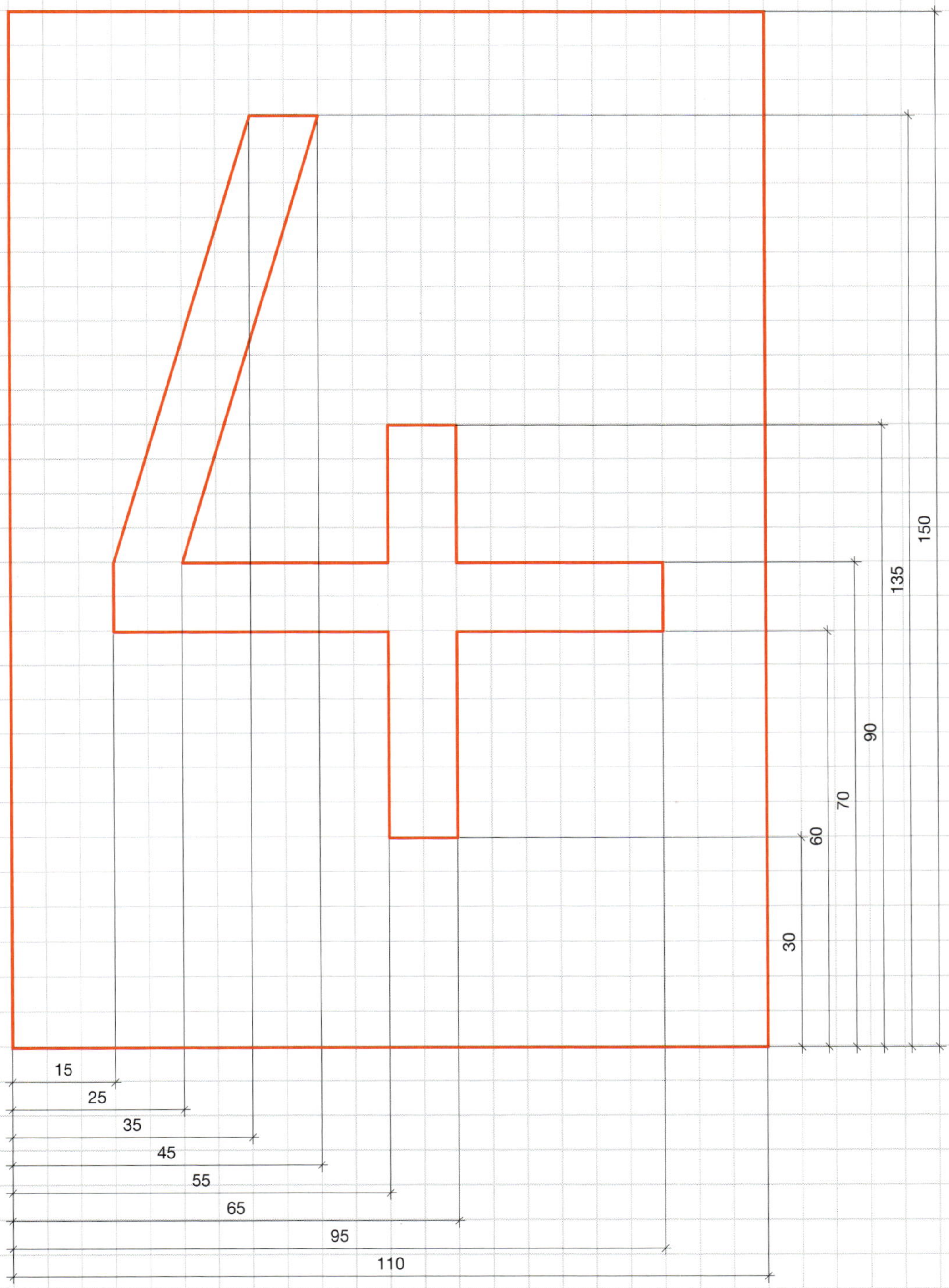

Name: Klasse/Gruppe: Datum: